Müssen war gestern

ANOUK CLAES

Müssen war gestern

Wie das moderne Leben
zur größten inneren Kraftquelle
werden kann

Unter Mitarbeit von
Marcus Caluori

Ansata

Die in diesem Buch vorgestellten Übungen und Beispiele aus der Praxis dienen der Information und Weiterbildung und sind nach bestem Wissen und Gewissen geprüft. Sie sollen jedoch keinesfalls ärztlichen Rat oder Hilfe ersetzen. Eine Haftung des Verlags oder der Autorin sowie der anderen an diesem Buch beteiligten Personen für etwaige Schäden, die sich aus dem Gebrauch oder Missbrauch der in diesem Buch präsentierten Vorgehensweisen ergeben, ist ausgeschlossen.

FSC
www.fsc.org
MIX
Papier aus verantwortungsvollen Quellen
FSC® C014496

Verlagsgruppe Random House FSC® N001967
Das für dieses Buch verwendete FSC®-zertifizierte Papier *EOS*
liefert Salzer, St. Pölten.

Ansata Verlag
Ansata ist ein Verlag der Verlagsgruppe Random House GmbH.

ISBN 978-3-7787-7435-9

Zweite Auflage 2013

Redaktion: Diane Zilliges
Einbandgestaltung: Guter Punkt, München,
unter Verwendung eines Motivs von Photographer's Choice/Getty Images
Gesetzt aus der 11,8/15,2 pt Minion
von C. Schaber Datentechnik, Wels
Druck und Bindung: GGP Media GmbH, Pößneck

Inhalt

Vorbemerkung: Alles ist Bewusstsein

In diesem Buch verwende ich häufig das Wort »Bewusstsein«. Mit Bewusstsein meine ich das, woraus alles besteht – den Grundstoff oder das Göttliche. Alles ist eine Ausdrucksform des göttlichen Bewusstseins. Es gibt nichts, das mehr oder weniger göttlich ist, alles ist aus dem Gleichen, es zeigt sich nur in unterschiedlichen Formen.

Das Wort »Gott« benutze ich deshalb nicht, weil das Buch für alle Menschen gedacht ist, unabhängig von Religion und Glauben. An nichts zu glauben, ist für mich genauso eine Form des göttlichen Bewusstseins, wie an etwas zu glauben. Es soll niemand ausgeschlossen werden, und daher ist das Wort »Bewusstsein« neutraler. Es kann von jeder Leserin und jedem Leser so in ihr oder sein Denken und Glauben integriert werden, wie sie oder er es gern möchte. Zudem kann ich den Begriff »Gott« nicht definieren, kein einziges Wort und auch kein Bild wären passend dafür.

Um eine gute Lesbarkeit zu gewährleisten, benutze ich ausschließlich die meist übliche männliche Form und verzichte auf Doppelbezeichnungen oder Wortkombinationen aus männlichen und weiblichen Formen. Deshalb sollten sich Leserinnen jedoch keineswegs ausgeschlossen fühlen.

Einführung

Es war nicht ganz einfach, einen passenden Titel für dieses Buch zu finden, da es Themenbereiche beinhaltet, die sehr unterschiedlich sind. Im ersten Teil geht es um das Ego, den Geist und einige unserer Gefühle, das Thema des darauf folgenden Teils ist Angst, und danach wird die Kommunikation mit der Materie beleuchtet. Zudem gibt es Fragen und Antworten rund um die Spiritualität heute. Was diese Teile miteinander verbindet, ist nicht der Inhalt, sondern die Tatsache, dass einfach alles sein darf. Also beispielsweise, dass es nicht falsch ist, wenn man Angst hat, eifersüchtig ist, mit seinem Auto spricht oder an materiellen Dingen festhält.

Ich werde als »hellsichtig« bezeichnet. Selbst kann ich mit diesem Begriff wenig anfangen, ich bevorzuge für dieses Sehen eher die Bezeichnung »Datenverarbeitung« – das Verarbeiten von Information. Dies kann ich schon so lange, wie meine Erinnerung zurückreicht. Was mich dabei von Beginn an immer faszinierte, ist das Licht, das aus allem zu strahlen scheint. Ich habe mir jahrelang alles Mögliche angesehen, um herauszufinden, ob es etwas gibt, das weniger strahlt als etwas anderes. Das war aber nicht der Fall und es dauerte eine Weile, bis ich verstand, was dies eigentlich bedeutet. Viele sprechen in diesem Zusammenhang von geistiger Entwicklung, von Transformation, von positivem oder negativem Denken. Alle diese Vorschläge sind gut. Aber jemand, der seine Wut transformiert hat, strahlt genauso viel Licht aus wie jemand, der das nicht gemacht hat. Und ein Mensch, der weitgehend auf Materielles verzichtet, strahlt genauso viel Licht aus wie jemand, der das nicht tut.

Was ich mit diesem Buch sagen möchte, ist, dass jeder Weg in Ordnung ist, jeder Weg ist eine von unendlich vielen Möglichkeiten. Deswegen ist es auch in Ordnung, wenn man so bleibt, wie man ist.

Zu wissen, dass es okay ist, wie es ist, das kann sehr beruhigend sein. Es kann einem nicht nur das Leben erleichtern, sondern einen unter Umständen auch von vielerlei Beschwerden, Ängsten und Nöten befreien. Was dabei möglich ist und wie Sie vorgehen können, erkläre ich in diesem Buch. Anhand von Praxisbeispielen und Übungen können Sie vieles davon selbst nacherleben. Ich wünsche Ihnen viele neue Erkenntnisse und vor allem auch: Spaß an der Sache und damit am Leben!

Anouk Claes
Basel, im April 2010

Geist, Ego und Gefühle

Der Geist und das Ego

Ist das Ego schlecht? Muss man sich bemühen, seine egobezogenen Gedanken zu kontrollieren? Oder gar: Kommt spirituell weiter, wer sein Ego ablegt?

Für mich sind Ego und Geist in gleichem Maße wichtig. Weil wir einerseits aus Materie bestehen, andererseits aus »Nicht-Materie«. Das Ego repräsentiert den Materie-Teil und der Geist den materielosen. Diese zwei Hälften sind Formen des gleichen Bewusstseins, der eine Teil schwingt anders als der andere, deswegen wirkt der eine fest und der andere nicht.

Die Wesensarten von Geist und Ego

Jeder Mensch ist eine Form von Bewusstsein, das sich nicht definieren lässt, sondern alles ist. Als Menschen auf dem Planeten Erde haben wir Helfer, die es uns ermöglichen, hier unsere Erfahrungen zu machen. Unser Geist und unser Ego sind zwei dieser Helfer, so wie auch unser Körper und unsere Gefühle. Es gibt noch viele weitere, etwa unsere Angst und die Materie, die im zweiten und dritten Teil des Buches besprochen werden.

Auf Geist und Ego gehe ich hier separat voneinander ein. Dies ist anfänglich etwas gewöhnungsbedürftig, da es für die meisten fremd ist, sie einzeln und von außen zu betrachten. Häufig schreiben wir dem Geist gute Eigenschaften zu und dem Ego schlechte. Viele Menschen versuchen deshalb, nur im Geist zu sein. Das ergibt eine sehr einseitige Existenz, da wir eben nicht nur Geist sind. Anerkennt man die beiden als zwei Helfer, sieht man, dass das Ego für etwas ganz anderes gedacht ist als der Geist, dass es aber ebenso unentbehrlich ist. Ein Vergleich: Wenn man mit einem Städteführer in einem Urwald nicht viel anfangen kann, weil er sich nicht auskennt, liegt das nicht am Führer – man hätte einfach einen anderen Helfer fragen sollen. So ähnlich verhält es sich mit Geist und Ego: Beide sind grundverschieden, aber jeder ein Experte auf seinem Gebiet. Alle unsere Helfer sind Begleiter, Werkzeuge, Partner.

Im Folgenden beschreibe ich Geist und Ego in unterschiedlichster Hinsicht, da beide so verschieden sind, aber im Team bestens zusammenarbeiten. Keiner steht dem anderen im Weg, wenn sie das tun können, wozu sie fähig sind.

Leider liegen die zwei – und andere unserer Helfer – im Alltag häufig im Kampf miteinander, weil wir sie nicht als Team arbeiten lassen. Häufig versuchen wir, einige der Teammitglieder loszuwerden, was etwas schwierig werden kann. Es ist ähnlich wie bei unserem Körper, in dem jede Zelle, jedes Organ seine Arbeit macht. Da würde es uns nie in den Sinn kommen, unserem Magen zu sagen: »Okay, Schluss jetzt mit all diesem Verdauen. Du hörst auf damit. Die Leber ist so wundervoll, es reicht, wenn sie arbeitet.« Das klingt absurd, aber es ist das Gleiche, wenn jemand sein Ego ablegen will, um nur noch geistig zu sein.

Geist und Ego in Bezug auf Information

Information versus Struktur

Ego und Geist verarbeiten Informationen oder Daten auf sehr unterschiedliche Weise und haben auch jeder eine andere Struktur. Es ist wie bei einer Maschine, die Päckchen auf ein Band legt. Die Päckchen sind die Information, und wie die Päckchen aufs Band gelegt werden, das ist die Struktur. Geist und Ego haben eine völlig unterschiedliche Art, mit den gleichen Päckchen umzugehen: Der Geist legt sie beliebig nebeneinander, und das Ego reiht sie auf und verbindet sie untereinander.

Betrachtungsweisen der Information

Man kann Information auf sehr viele Arten beschreiben und einteilen. Ich überlegte mir lange, welche Art der Aufteilung für die übersinnliche Arbeit am praktischsten ist. So kam ich auf »sichtbare« und »unsichtbare« Information.

Die sichtbare Information

Als sichtbare Information bezeichne ich die Art Information, die wir mit den physischen Augen sehen können. In unserer heutigen Gesellschaft sind wir durch Fernsehen, Radio und weitere Medien von solchen Mengen an Information umgeben wie nie zuvor. Jeder hat jederzeit Zugang zur gewünschten Information – insbesondere durch das Internet.

Die unsichtbare Information

Mit unsichtbarer Information meine ich Information in dem Stadium, bevor sie eine Form bekommt und sichtbar wird. Nimmt man ein Buch zur Hand und liest darin, ist das sichtbare Information. Doch wo war diese Information, bevor sie aufgeschrieben wurde? Man kann den Ort nicht genau angeben. Ein Vergleich mit dem Internet: Wenn wir über eine Suchmaschine etwas abrufen, erscheint es auf unserem Bildschirm. Aber wo war es vorher? Begnügen wir uns hier einmal mit »irgendwo«. Man hört auch aus der Quantenphysik, dass Information nicht lokal ist, das heißt, sie ist nicht an einen Ort gebunden – und auch nicht an die Zeit.

Unsichtbare Information nenne ich auch Informationswelle, weil ich persönlich sie als wellenförmiges Etwas wahrnehme. Eine weitere passende Bezeichnung ist »Möglichkeitsraum«, denn die unsichtbare Information beinhaltet alles nur Denkbare und Undenkbare. So kann ich sie nur annähernd beschreiben: Unsichtbare Information ist alles, was jeder Mensch je gedacht hat, noch denken wird und hätte denken können; alles, was je passiert ist, noch passieren wird und hätte passieren können – über riesige Zeitspannen hinweg, denn Information hat keinen Anfang und kein Ende und beinhaltet Vergangenheit und Zukunft gleichermaßen. Eine solche Fülle ist für uns sehr, sehr schwer vorstellbar.

Unsichtbare Information sichtbar machen

Man kann es so sagen: Wir sind von einer riesigen Informationsmenge umgeben, und jeder kann aus ihr das herausholen, was er braucht, und in beliebige Worte fassen, ganz wie er möchte. Das ist eigentlich genauso wie beim Beispiel Internet: Wenn wir einen Begriff bei einer Suchmaschine eingeben, machen wir mit einem Klick ein kleines Stückchen Information auf unserem Bildschirm für uns sichtbar. Wir sind ein Teil der Ganzheit und tragen die Ganzheit ebenso in uns, das heißt auch, wir sind ein Teil dieser Informationsmenge und sie ist ein Teil von uns.

Aus der Unterteilung in sichtbare und unsichtbare Information resultiert eine zweite, für unsere Arbeit praktische Aufteilung:

Die Information, die wir bewusst aus der Welle aufgenommen haben: die Information in uns.

Die Information um uns herum: die Informationswelle selbst.

Weil wir Teil der Welle sind, ist dieser Unterschied für uns theoretisch schwer nachzuvollziehen. Deswegen unterscheide ich in der Praxis zwischen dem, was ich bewusst weiß, und dem, was ich nicht weiß.

Sokrates hat einmal gesagt, dass man jemandem nur die richtigen Fragen stellen müsse, um das Wissen aus ihm hervorzuholen. Ich bin davon überzeugt, dass das stimmt. Mit vielen richtigen Fragen könnte man beispielsweise das Wissen aus mir herausholen, wie sich ein Motor zusammenbauen lässt. Aber ich bin mir im Klaren darüber, dass ich das jetzt bewusst nicht weiß.

Aus dem Blickwinkel von sichtbarer und unsichtbarer Information sowie dem bewussten Wissen und dem Nicht-Wissen, teilen sich die Rollen von Geist und Ego wie folgt auf:

Geist:
Manager der »unsichtbaren« Information mit Zugang zum bewussten Wissen

Ego:
Manager der »sichtbaren« Information und des bewussten Wissens

Geist und Ego – ihre Charakteristik

In den folgenden, steckbriefartigen »Persönlichkeitsbeschreibungen« finden sich detaillierte Darstellungen über die Wesenszüge, Merkmale, Eigenarten und Besonderheiten unserer beiden Helfer Geist und Ego.

»Persönlichkeit« und »Lebenslauf« des Geistes

Größe:
Mit zurzeit existierenden Messgeräten nicht messbar, jedenfalls größer als der Körper des Menschen. Der Geist wird ungern ausgemessen, da er Vergleiche nicht ausstehen kann; er findet reale Messwerte schwer fassbar.

Augenfarbe:
Beliebig; er nimmt Farben eher als Schwingung wahr, und mit etwas Übung ist die Schwingung veränderbar.

Gewicht:
Schwerelos.

Geburtstag:
Unbekannt, da er schon immer vorhanden ist und ewig existiert.

Wohnort:
Überall zu Hause, er kann sich aber auch fühlen, als wäre er nirgendwo zu Hause, wenn der Ausgleich durch das Ego fehlt.

Arbeitsort:
Überall; wenn ein Mensch aber an seinem Arbeitsort unzufrieden ist, kann er im Geist woanders hingehen und dann abwesend wirken.

Ausbildung:
Er hat Zugang zur sichtbaren und unsichtbaren Information, also zu allem, was es zu wissen gibt. Er befasst sich meistens zuerst mit dem, was in seinem Umfeld an Wissen geglaubt wird; entweder bleibt es dabei oder aber er eignet sich auch ganz anderes Wissen an, dem sind keine Grenzen gesetzt.

Wesenszüge:
- träumt sehr gern, unter anderem von den endlosen Möglichkeiten, die von ihm wahrgenommen werden können,
- ist am liebsten ausgeglichen,
- braucht sehr viel Freiraum,
- kein Interesse an Vergleichen oder Wettbewerb,
- kann alles annehmen, wie es ist,
- ist sehr neugierig,
- hat ein schlechtes Gedächtnis für die sichtbare Information,
- kennt sich mit Raum und Zeit nicht aus, nimmt alles gleichzeitig wahr,

- denkt sich gern die schönsten Bilder aus, hat Visionen für die Zukunft in allen Lebensbereichen; kann eine große Vision haben und benötigt vor allem in diesem Bereich Hilfe vom Ego. (Betrachten wir zum Beispiel das Fliegen: Der Geist eines Menschen hatte seinerzeit diese Vision und übergab diesen Traum dem Ego, was am Ende zum Bau eines Flugzeuges führte. In sehr vielen Dingen auf dieser Welt, die außergewöhnlich und einzigartig sind, ist die Größe des menschlichen Geistes zu sehen und die Kraft des Egos, das diese Dinge sichtbar machte. Es gibt viele Errungenschaften, an die wir uns in unserem Alltag gewöhnten, die es vor zweihundert Jahren aber noch nicht gab. Alle neuen, sichtbaren Dinge sind aus dem Traum eines Menschen entstanden, der etwas wollte und es mit der Kraft seines Egos in die Materie umsetzte.)

Wahrnehmung:
Nimmt die Materie nur sehr vage wahr, kennt sich besser mit unsichtbarer Information aus; nimmt die Schwingungen der sichtbaren Dinge sehr gut wahr, aber kaum ihre tatsächliche Form. Er hat auch große Mühe, Gegenstände voneinander zu unterscheiden, für ihn sieht alles sehr ähnlich aus, weshalb es auch so mühsam ist, praktische materielle Entscheidungen mit dem Geist zu treffen.

Spezialgebiet in der Wahrnehmung:
Außersinnliche Wahrnehmungen – die Kommunikation mit Verstorbenen oder sonstigen Wesen sowie mit der Natur oder mit Gegenständen gehören in den Bereich des Geistes. Über den Geist steht uns alles Wissen zur Verfügung, das wir benötigen. Dieses Wissen kann aber auch (unaufgefordert) zu uns kommen – statt wir zu ihm – und damit eine ziemli-

che Verwirrung verursachen. In solch einem Fall ist es gut, wenn man zum Ego wechseln kann, weil dieser Helfer diese Information nicht wahrnimmt.

Verständnis von Schmerz:
Der Geist ist derjenige, der weiß, dass Schmerzen eine Bedeutung haben und der Körper auf diese Art etwas mitteilen möchte. Der Geist spielt auch eine große Rolle bei der Heilung von Schmerzen. Wenn er jedoch damit beschäftigt ist, das Ego – das eben ganz andere Gedanken hat – zum Schweigen zu bringen, bleibt nicht viel Zeit für Überlegungen, was die Schmerzen bedeuten könnten.

Thema Bewertung:
Der Geist ist eine Struktur, die über die Möglichkeit verfügt, nicht zu bewerten, obwohl er meistens Wertvorstellungen hat, zum Beispiel darüber, wie das Idealbild des Menschen aussehen sollte. Wichtig ist, alle Wertungen dem Ego zu überlassen. Viele Menschen, die auf dem spirituellen Weg sind, versuchen nicht mehr zu werten. Dies ist eigentlich ebenso ein Werten – es wird sozusagen das Werten bewertet. Diese Menschen machen technisch gesehen genau dasselbe wie vorher, als sie noch werteten. Der Geist teilt Gedanken nicht in positive oder negative ein, das macht allein das Ego. Für den Geist spielt es in diesem Sinne keine Rolle, was der Mensch denkt.

Beschäftigungen, die nicht zur Bestimmung gehören und die dazu führen, dass der eigene Aufgabenbereich beeinträchtigt wird:
- das Ego zum Schweigen bringen,
- Entscheidungen treffen, zum Beispiel welches Sofa gekauft werden sollte,

- das Körperliche verdrängen,
- bewerten.

Lebenslauf:
Der Geist ist eigentlich ständig und gleichbleibend vorhanden, fällt aber in den ersten zehn Lebensjahren weniger auf. Dies hängt auch vom Ego ab. Wird es schon früh verdrängt, kann es sein, dass der Mensch sich im Geist zurückzieht, träumt und abwesend wirkt (was natürlich auch möglich ist, wenn das Ego nicht verdrängt wird). Auch bei sehr schwierigen Lebensumständen bietet der Geist ein Refugium, in den sich das Individuum zurückziehen kann, wenn es auf der Handlungsebene zu unangenehm oder schwierig wird. Je nach Wesensart des Menschen gibt es noch viele weitere Möglichkeiten: Manchmal ist der Geist schon sehr früh aktiv und überaus neugierig, dann kann es sein, dass ihm die Umgebung zu wenig Stoff bietet und er sich langweilt. Dies kommt häufig bei Kindern vor, die dann als hyperaktiv eingestuft werden. In diesem Fall braucht der Geist viel mehr Beschäftigung – in Form von mehr Bildern oder mehr gleichzeitigen Aktivitäten.

»Persönlichkeit« und »Lebenslauf« des Egos

Größe:
Entsprechend der Körpergröße des Menschen, was für Probleme sorgen kann, wenn der Körper in seinen Abmessungen zu klein oder zu groß ist oder generell von dem abweicht, was zurzeit in der Gesellschaft als Norm gilt. Das Ego sorgt für große Unzufriedenheit, wenn die Größe nicht für gut befunden wird; es vergleicht sich sehr gern mit anderen.

Augenfarbe:
Wie die des physischen Körpers, zum Glück jederzeit veränderbar mit gefärbten Kontaktlinsen ..., also eher kein Grund zur Unzufriedenheit.

Gewicht:
Entspricht dem des Körpers. Häufig, nämlich wenn von der Norm abweichend, Grund zur Unzufriedenheit.

Geburtstag:
Am selben Tag wie der Körper, es teilt den Jahrgang manchmal nur sehr ungern mit; wenn es noch klein ist, möchte es größer sein, wenn es schon älter ist, möchte es jünger sein. Daher ist das Alter häufig ein Grund zur Unzufriedenheit; das Ego tröstet sich aber gern mit Behauptungen über die anderen Helfer – sehr beliebt ist es, beispielsweise über den Geist zu sagen, wie alt er schon sei, oder über den Körper, wie jung er noch aussehe.

Wohnort:
Am gleichen Ort wie der Körper.

Arbeitsort:
Derselbe, an dem der Mensch arbeitet; falls der Arbeitsort Grund für Unzufriedenheit ist, kann es nicht weg wie der Geist, und so wird es anfangen, unangenehme Gedanken zu generieren. Wenn dies keine Veränderung bringt, kann es sich zusammen mit dem Körper etwas einfallen lassen, um sich die Arbeit zu erschweren (zum Beispiel Schmerzen oder eine Krankheit, um den Menschen darauf aufmerksam zu machen, dass die Umgebung nicht passend ist). Es ist ein sehr sensibles Barometer dafür, ob einem etwas gefällt oder nicht.

Ausbildung:
Es lernt in der Schule, so wie der Mensch selbst auch; hat keinen Zugang zur unsichtbaren Information. Es weiß gern mehr als die anderen und ist sehr ehrgeizig.

Wesenszüge:

- denkt linear: eins nach dem anderen,
- kann sehr gut analytisch denken und äußerst präzise sein,
- hat Freude am Spaßen,
- ist zielstrebig,
- kann sehr großzügig sein (wenn es gut gelaunt ist),
- typische Gedanken: Ich bin der/die Schönste, der/die Beste,
- sieht sich selbst gern im Mittelpunkt. Viele haben Angst vor dem eigenen Ego, weil es sich selbst in den Mittelpunkt stellt. Ein zufriedenes Ego sagt: Ich möchte das Beste sein, was ich sein kann. Ein unzufriedenes Ego sagt: Ich möchte besser sein als die anderen. Es ist quasi eifersüchtig auf die anderen Egos, die mehr Freiraum haben.
- hat ein Elefantengedächtnis für Fehler und Erfolge,
- ist der schnellste Helfer, den wir haben. Das Ego ist vergleichbar mit einer Zeitung: Es weiß alles zuerst und hat zu allem einen Kommentar. Es ist daher auch häufig an sehr vielem interessiert.
- wertet alles, was ihm unterkommt, gern auch das, was es gar nicht gesehen hat,
- ist die erste Instanz, die einen darauf aufmerksam macht, wenn etwas nicht stimmt. Doch häufig wird nicht auf diese innere Stimme gehört.

Wahrnehmung:
Das Ego nimmt die Materie am klarsten wahr. Es ist eine Gedankenstruktur, die wertet. Das Ego kann nicht anders, sonst

könnte der Mensch kaum überleben. Es wertet, ob etwas gut oder schlecht ist, ob etwas gefällt oder nicht. Das Ego sieht nur das, was die physischen Augen auch sehen; es erkennt den größeren Rahmen der Dinge nicht. Es lebt in Raum und Zeit und organisiert den Alltag des Menschen, geht einkaufen, zahlt Rechnungen. Das Ego hat den besten Bezug zur »sichtbaren« Welt, es kann die Zukunftsvisionen des Geistes sehr klar in machbaren, realistischen Schritten ausformulieren. Es plant, rechnet und stellt Motivation und Energie zur Verwirklichung der Dinge zur Verfügung. Weil es die Materie sehr klar wahrnimmt, kann es all diese Aufgaben sehr gut erledigen. Da es im Rahmen dieser Funktionen aber ständig bewertet, wird es für viele Menschen zum Problem.

Außersinnliche Wahrnehmungen:
Das Ego nimmt Außersinnliches nicht wahr und glaubt meistens auch nicht daran. Es kann dem Menschen sehr gut helfen abzuschalten, ihn aber auch ziemlich entmutigen, mit dem Trainieren dieser Wahrnehmungen überhaupt zu beginnen, weil es sich dann leicht ausgeschlossen fühlen würde. Allerdings wird das Ego immer helfen, die außersinnlichen Wahrnehmungen bestmöglich zu sortieren. Es muss dabei aber in Kauf genommen werden, dass es sie weiterhin stark anzweifeln wird.

Spezialgebiet in der Wahrnehmung:
Das Ego repräsentiert das Individuum in Raum und Zeit. Es kennt seine Stärken und seine Schwächen. Es weiß, was zu ihm passt und was nicht. So ist es wie ein Trainer oder Coach, der hilft, ein Ziel zu erreichen.

Verständnis von Schmerz:
Das Ego will nie Schmerzen haben. Es zeigt kein Interesse an irgendwelchen spirituellen Ideen oder Lösungsansätzen über den Schmerz, denn es möchte die Schmerzen einfach nur möglichst sofort los sein, meist unter Wehklagen und mit der Frage: »Wieso gerade ich?« Dieses Denken ist für das Ego völlig normal, und im Idealfall können diese Gedanken des Egos im Geist angenommen werden, ohne dass in die Bewertung gegangen wird.

Bewertung:
Das ist der Bereich des Egos. Es ist seine Aufgabe, die persönlichen Vorlieben zum Ausdruck zu bringen. Das Ego ist für den »Geschmack« des Menschen zuständig. Es befähigt ihn, einen eigenen Stil zu entwickeln, zum Beispiel bei der Kleidung, der Inneneinrichtung, bei Musik und Kunst. Es probiert gern aus und kann den Geschmack häufig wechseln (oder auch lange bei einer Richtung bleiben). Das Ego ermöglicht es, die Einzigartigkeit des Individuums zum Ausdruck zu bringen. Durch die Wertungen »gut« und »schlecht« bewirkt es die unglaublichen Höhen im Leben, aber ebenso die Tiefen – die Superlative in beiden Richtungen, von fantastisch gut bis miserabel schlecht. Ohne die Wertungen des Egos ist alles langweilig, es wirkt eintönig, die Interessen fehlen. Das Ego ist das Salz in der Suppe, es bringt Farbe und Leben in die Dinge. Es sorgt für sehr starke Begeisterung, aber genauso für sehr starke Ablehnung. Es ermöglicht jedem, die Welt heute so zu erleben, als ob er gestern noch nicht gelebt hätte, und damit die Erfahrung, die Dinge immer wieder als neu zu betrachten. Obwohl von der geistigen Perspektive aus Zeit nicht existiert, macht es das Ego dem Menschen möglich, dieses Raum-

Zeit-Erlebnis in vollen Zügen zu leben – jedem auf seine eigene Art.

Beschäftigungen, die nicht zur Bestimmung gehören und dazu führen, dass der eigene Aufgabenbereich beeinträchtigt wird: Probleme entstehen, wenn sich das Ego mit geistigen Themen befasst. Es nimmt sich selbst als von allem getrennt war, weil es das Individuum repräsentiert. Ebenso nimmt es sich vom Bewusstsein getrennt wahr und kann Theorien entwickeln, wie man sich an dieses Bewusstsein annähern könnte. Da es nur die Handlungsebene kennt, geht es hierbei meistens um Handlungen, die der Mensch sich selbst vorschreibt, um mehr oder ein höheres Bewusstsein oder eine höhere Schwingung usw. zu bekommen. Das Ego behauptet gern, es sei eine ältere Seele (obwohl Zeit nicht existiert ...), es verwendet generell, aber auch bei geistigen Themen gern Worte wie »mehr«, »höher« oder »weiter«. Nun, ich kann einen höheren Baum in meinem Garten haben als mein Nachbar, aber eine »höhere« geistige Schwingung? Das Ego braucht für die materielle Existenz des Menschen ein Volumen- und Mengendenken. Es muss beispielsweise die Anzahl der Backsteine bemessen können, damit ein Haus gebaut werden kann. Probleme entstehen, wenn ein solches »Bemessen« bei geistigen Inhalten angewendet wird. Dann wird auch auf der Bewusstseinsebene etwas als »höher« oder »niedriger«, »mehr« oder »weniger« eingestuft. Dies trägt dazu bei, dass sich viele Menschen sehr schlecht fühlen, weil sie denken, dass sie eine bestimmte Stufe noch nicht erreicht haben. Doch wir sind in unserem Kern alle gleich, wir machen einfach unterschiedliche Erfahrungen. (Ich bin mir bewusst, dass ich damit etwas drastisch anderes behaupte als viele spirituelle Lehrer und Buchautoren. Ich kann nur empfehlen, den Verstand zu benutzen und selbst zu entscheiden, was man glauben möchte.)

Lebenslauf:
In den ersten Lebensjahren hat das Ego Hochkonjunktur, danach hängt es stark von der persönlichen Umgebung ab, ob es gefördert wird und somit weiter wächst, oder ob es lernen muss, was »man« alles nicht darf.

Die Notwendigkeit von Geist und Ego

Die Persönlichkeitsbeschreibungen von Geist und Ego zeigen klar, wie unterschiedlich die beiden sind – und wie sehr wir sie beide benötigen, um hier auf unserem Planeten Erde leben zu können. Betrachtet man beide Instanzen und ihre jeweiligen Stärken und Schwächen, wird sofort klar, was passiert, wenn man versucht, das Leben ohne den einen oder anderen dieser Helfer zu meistern. Es ist unerlässlich, die Unterschiede zwischen den beiden zu kennen, um auf Fragen und Themen wie die Folgenden eingehen zu können.

»Positives« und »negatives« Denken

Schaden negative Gedanken? Nun, das ist schwer zu beantworten: Bewertet man die eigenen Gedanken, schadet man meistens nur sich selbst, weil man in diesem Fall einen Teil von sich selbst ablehnt. Bewertet man sie nicht, sind es keine negativen Gedanken mehr.

Das Ego wird werten, weil es nicht anders kann, der Geist macht das nicht. Auf die Frage, ob es negative Gedanken gibt, kann die Antwort also nur heißen: Ja und nein, je nach Perspektive.

Regt sich jemand über seine eigenen Gedanken auf, befindet er sich im Ego und versucht aus ihm heraus, diese Bewertungen loszuwerden. Das geht natürlich nicht, was zu echter Verzweiflung führen kann. Versucht man, nicht mehr zu werten, regt sich aber über wertende Menschen auf, ist man ebenso im Ego.

Das Ego setzt sich sehr gern Ziele und möchte sie dann natürlich auch erreichen. Der Geist hingegen hat kein Ziel, er ist zeitlos und kann die Wertungen komplett weglassen. Kann man das Werten seines eigenen Egos annehmen, spielt es keine Rolle mehr, wer wertet und wer nicht.

Werten ist nicht gleich Verurteilen

Über unseren Geist sind wir mit allem verbunden, mit der ganzen Welt und auch mit allem Unsichtbaren. Dies ist der natürliche Zustand. Das Ego achtet auf einen persönlichen Bezug, indem es die Dinge bewertet. Es geht nicht, etwas zu bewerten, ohne einen Bezug dazu herzustellen. So gesehen sind Geist und Ego gleichermaßen eins mit allem – wenn auch auf eine ganz andere Art.

Eine Verurteilung findet für mich im Geist statt und wirkt, wie wenn etwas getrennt wird. Wenn man etwas wahrnimmt und dabei denkt, dass man dies nicht sei, also dies nicht als einen Teil von sich betrachtet, trennt man sich im Geist davon. Weil jedoch die Außenwelt ein Teil von uns ist, trennt man sich in dem Sinne letztlich auch von sich selbst.

Beobachtet man im Außen etwas Ungutes, denkt der Geist: Das bin auch ich. Das Ego hingegen denkt: Das gefällt mir überhaupt nicht. Dies sind zwei unterschiedliche Perspektiven, die nebeneinander existieren können.

Die Weiterentwicklung des Menschen

Müssen wir uns weiterentwickeln und zu vollkommenen Wesen werden? Von der Perspektive des Egos aus gesehen: Ja. Denn das Ego lebt in Zeit und Raum, es hat in diesem Erdenleben noch eine ganze Menge vor und möchte viele Ziele verfolgen.

Von der Perspektive des Geistes aus: Nein. Der Geist kennt keine Zeit, also auch keine Entwicklung; er war schon immer und wird immer sein. Vergangenheit und Zukunft existieren jetzt und gleichzeitig. Er sagt: Wir sind schon längst vollkommen.

Das Ego ablegen

Soll man versuchen, ohne Ego zu leben? Meine persönliche Meinung aus der geistigen Perspektive heraus ist dazu: Es ist ein Weg wie jeder andere auch, er ist nicht besser und nicht schlechter. Aber es ändert nichts daran: Wir sind so oder so schon vollkommen. Wenn wir versuchen, das Ego abzulegen, macht uns das nicht zu besseren Menschen und ebenso nicht zu schlechteren, weil es diese Wertung aus der geistigen Sicht nicht gibt. Das Ego ablegen zu wollen, das ist einfach ein Weg, der uns zum Ausprobieren zur Verfügung steht.

Aus der Perspektive des Egos heraus würde ich sagen: Schade …

Fazit
Mein Geist und mein Ego ermöglichen mir enorm viel: Ich kann mich selbst als ein Teil der Ganzheit und ebenso als Individuum empfinden – beides zur gleichen Zeit. Mein Geist gibt mir eine grenzenlose Auswahl an Möglichkeiten, aus denen ich als Individuum auswählen und mit denen ich Erfahrungen sammeln kann.

Mein Geist ermöglicht mir die Erfahrung der Ewigkeit.

Mein Ego ermöglicht mir die Erfahrung der Einmaligkeit.

Die Gefühle

Wegweiser zur Selbsterkenntnis

In jedem Menschen nehme ich fünf Hauptgefühle wahr: Trauer, Glück, Liebe, Wut und Eifersucht. Für mich sind diese Emotionen alle gleichwertig. Sie sind weder gut noch schlecht, sondern einfach ein Teil von uns Menschen. Ich sehe sie farbig, aber die Farben sind nicht immer dieselben. Trauer erscheint in Blau, ich sehe sie einfach meistens so. Liebe ist gelb, wobei ich sie häufig auch weißgelb oder rosa wahrnehme. Glück ist auch eher gelb, aber um es von der Liebe klar unterscheiden zu können, gebe ich dem Glück eine orange Farbe, wenn ich es aufmale. Wut sehe ich meistens in roter und Eifersucht in grünlicher Farbe.

Die Gefühle können sich – wie eine Art Flüssigkeit – im Körper hin und her verschieben, aber ein Teil des Gefühls bleibt immer an seinem ursprünglichen Ort. Diesen nenne ich den »Sitz« des Gefühls. So sitzt das Gefühl der Trauer im Brustbereich, das Gefühl der Liebe in der Herzregion, Wut im Bauchbereich, Glück in der Mitte zwischen Wut und Trauer, und das Gefühl von Eifersucht nehme ich seitlich auf beiden Seiten des Körpers wahr. Zum Gefühl der Eifersucht gehören auch Neid und Bewunderung.

Häufig werde ich gefragt, wo ich Angst einordne. Für mich unterscheidet sich Angst von den anderen Emotionen, weil sie keinen festen Sitz hat. Angst kann sich überall »hinsetzen« und sich auch vergrößern, bis man nur noch Angst fühlt. Deswegen ist für mich Angst kein Gefühl wie die anderen, sondern ein Schutzmechanismus, der zum Körper gehört – ich werde im zweiten Teil ausführlich dazu kommen.

Wie gesagt, bezeichne ich die fünf genannten als die Hauptgefühle. Es gibt zwar noch viele weitere Emotionen, doch diese sind für mich entweder Mischungen aus mehreren Hauptgefühlen oder Gefühle, die mit einem Gedankenkonstrukt verbunden sind.

Ich nehme die Gefühle bei den Menschen als große und kleine Farbflecken wahr. Dies lässt sich am ehesten mit einem mit Wasser gefüllten Teller vergleichen, auf den man mehrere Tropfen Wasserfarbe fallen lässt. Es gibt nur einen Unterschied: Wasserfarben verändern die Farbe, wenn man sie mischt, die Gefühle nicht. Jedes Gefühl behält immer seine eigene Farbe. Wenn sie zusammenkommen, bleiben sie nebeneinander liegen.

Diese Gefühlsfarbflächen bewegen sich fließend im Körper. Im Oberkörper – am eigentlichen Sitz des jeweiligen Gefühls – ist meistens eine größere Farbfläche zu sehen, in den

Armen und Beinen häufig nur einzelne »Tropfen«. Am wenigsten findet sich im Kopf. In den Bewegungsmustern der Gefühle sieht man auch, wie sie sich von sonstigen Energien unterscheiden. Gefühle können im Gegensatz zu den Energien des Körperenergiefeldes nicht springen.

Ein Beispiel zur Verdeutlichung: Hat man in der linken Hand zu wenig Energie, ist es theoretisch möglich, die rechte Hand über die linke zu legen und von ihr Energie hinüberfließen zu lassen. Wenn in der linken Hand ein Tropfen Trauer sitzt und man diesen in die rechte Hand verschieben will (man sollte das aber in Wirklichkeit nicht machen), muss er über den Körper verschoben werden: also zuerst nach oben in den linken Arm bis zur Schulter, dann seitlich zur rechten Schulter und daraufhin nach unten in den rechten Arm und weiter bis zur Hand. Gefühle verschieben sich nur im Körper, sie können nicht springen.

Wenn Gefühle nicht mehr an ihrem richtigen Ort sind, sollten sie dorthin zurückverschoben werden. Was verschobene Gefühle bewirken und wie sie wieder zurückgebracht werden können, ist im Praxisbeispiel beim Gefühl Trauer (siehe Seite 35 ff.) ausführlich beschrieben.

Während unser Energiefeld auch außerhalb unseres Körpers vorhanden ist, verbleiben unsere Gefühle immer innerhalb. Sie senden jedoch Schwingungen mit bestimmten Frequenzen aus. Dies tun sie ständig, ob sie aktiv sind oder nicht. Manchmal spürt man ja den Gefühlszustand einer Person, ohne dass sie etwas sagt.

Wenn jemand sehr wütend ist, kann dies gut wahrgenommen werden. Viele Menschen denken dann, dass sie die Wut des Wütenden nach einer Begegnung in sich tragen und fragen sich, wie sie sie wieder loswerden. Das stimmt genau genommen nicht, in Wirklichkeit sind nur die Schwingungen der Wut des anderen auf die eigenen Wutschwingungen getroffen. Je niedriger nun die Frequenz ist, desto unangenehmer ist es. Das bedeutet: Je weniger man die eigene Wut an nimmt – entsprechend tiefer ist die Frequenz der eigenen Wut –, desto stärker gestresst wird man durch Wutschwingungen eines anderen, da diese meistens auch nicht angenommen werden. So werden die eigenen unangenehmen Frequenzen von der Schwingung des anderen angeregt. Man ist mit dem konfrontiert, was man bei sich selbst nicht haben will. Wenn die eigene Wut hingegen angenommen wird, ist die Frequenz der Wutschwingungen hoch, und man wird von den Wutschwingungen anderer nicht mehr gestresst. Das gilt analog für jedes Gefühl.

Mit den Gefühlen üben

Damit Sie die theoretischen Ausführungen besser nachvollziehen können, finden Sie bei den nachfolgend beschriebenen Gefühlen Praxisbeispiele und Übungen. Wenn Sie mit den Gefühlen eine Zeit lang üben, lernen Sie sich selbst völlig neu kennen. Ich beschränke mich im Folgenden auf Trauer, Liebe und Eifersucht, um Ihnen einen Einblick zu geben.

Emotionen können wir nicht beeinflussen. Denken können wir alles, was wir wollen, fühlen nicht. Für mich sind Gefühle in dem Sinne besondere Wegweiser. Jedes der fünf Grundgefühle trägt eine besondere Kraft in sich. Machen Sie sich diese zunutze! Es würde mich sehr freuen, wenn Sie mit diesen Anleitungen die Gefühle neu entdecken.

Die Kraft der Trauer erfahren

Die Trauer hat die Form einer Kugel, zumindest entspricht diese Darstellung der Idealform. So sehe ich die Trauer, wenn sie vom jeweiligen Menschen völlig angenommen ist. Bei ganz kleinen Kindern sieht sie meistens so aus. Bei Erwachsenen hat sie eher die Form eines Tintenfisches, bei dem die Arme die Ursachen symbolisieren, die sie ihrer Trauer zuschreiben. Wenn man anderen Menschen oder bestimmten Situationen die Schuld für seine Trauer gibt, bleibt sie daran gewissermaßen hängen. Jedes Mal, wenn man dieser Ursache erneut begegnet, wird dieser Arm aktiviert – für mich zu erkennen am Blau, das zu leuchten beginnt –, und man ist wieder traurig. Dies wird dann als Leiden oder Schmerz in der Trauer empfunden.

Um diese Arme zu lösen, muss man direkt mit dem Gefühl arbeiten. Alleiniges Sprechen über die Ursache hilft wenig. Das wurde mir klar, nachdem viele bei mir Hilfe suchende Menschen erzählten, dass sie nach einer Leidenserfahrung über eine lange Zeit alles Mögliche probierten, auch ausgiebig über das Problem sprachen und versuchten es anzunehmen – das Leiden aber blieb bestehen. Ich begann, die Arme dieses Tintenfisches genau zu untersuchen, um herauszufinden, wieso sie bestehen bleiben und wie man sie lösen kann. Dabei entdeckte ich Abwehrmechanismen, die dafür sorgen, dass ein solcher Arm verbleibt, und zwar weil es die betreffende Person so will (siehe dazu auch das Praxisbeispiel ab Seite 35).

Ich schätze, dass bei rund siebzig Prozent der Fälle ein Gefühl als Ursache hinter dem Schmerz liegt. Sehr häufig finde ich diese Problematik bei Polyarthritis und anderen rheumatischen Erkrankungen. Vielfach liegt auch ein Gefühl hinter dem Schmerz, wenn Schmerztabletten keinen Effekt haben.

Die Trauer liegt zwar im Bereich der Lunge, aber das bedeutet nicht, dass Lungenerkrankungen in jedem Fall etwas mit Trauer zu tun haben müssen. Und da Trauer sich wie alle Gefühle verschieben lässt, kann diese Emotion an jeder Körperstelle einen Schmerz auslösen. Ich möchte meine Erfahrungen aber nicht in generelle Regeln überführen. Natürlich sehe ich mir bei einem Lungenproblem die Trauer an. Aber ich lasse es offen, bis ich alles wahrgenommen habe.

Gleichwohl können Organe oder Körperregionen in unmittelbarer Nähe des Gefühlssitzes betroffen sein: Beim Gefühl der Liebe leidet häufig das Herz mit. Die Eifersucht verursacht oft ein seitliches Stechen im Körper. Dies hat aber selten etwas mit den Nieren zu tun, die sich in dieser Region befinden. Bei unterdrückter Wut hingegen stelle ich häufig fest, dass das Verdauungssystem Mühe bekommt. Die Unterdrückung dieses Gefühls braucht nämlich generell mehr Kraft von der Psyche als die Trauer, weil Wut auch dazu dient, uns Kraft für eine eventuelle Verteidigungsaktion zu geben. Diese Kraft wird vom Gefühl Wut immer zur Verfügung gestellt, auch wenn wir uns nicht in einer körperlich gefährlichen Situation befinden. Deswegen kann man nach einem Wutanfall, den man zu unterdrücken versuchte, so richtig erschöpft sein. Verdrängt man seine Wut häufig, nimmt die Psyche auch Kräfte der entsprechenden Körperregion zu Hilfe, um mit der Unterdrückung erfolgreich sein zu können. Dann steht dem Darm für seine Arbeit unter Umständen plötzlich zu wenig Energie zur Verfügung, und dadurch wird die Verdauung erschwert.

Ein Praxisbeispiel zum Gefühl der Trauer

Eine Frau kam zu mir, weil sie Schmerzen in den Händen und im Schulterbereich hatte. Es waren starke Schmerzen, die sie daran hinderten, ihre alltägliche Arbeit zu machen, doch eine physische Ursache konnte nicht gefunden werden. Ich nahm wahr, dass die für mich sichtbare Trauerkugel einen langen Arm hatte, dessen Ende sich nahe beim Schultergelenk befand. Dort war eine zweite große Kugel mit zwei Abwehrmechanismen. In den Händen der Frau sah ich viele einzelne »Tropfen« Trauer und Wut. Dies zeigte mir, dass die Ursache für die Trauer bei ihr aktiv war und deshalb so stark festhing. Die Klientin hatte vor dem Besuch bei mir schon mehrmals versucht, eine Verbesserung ihrer Situation zu erreichen – ohne Erfolg. Die Trauer darüber – oder der seelische Schmerz – begann sich mit der Zeit als körperlicher Schmerz zu zeigen.

Die persönliche Situation der Frau war folgende: Sie hatte vor langer Zeit geheiratet, war aber von ihrer Schwiegermutter nie akzeptiert worden. Ihr Mann pflegte weiterhin eine gute Beziehung mit seiner Mutter. Deswegen sah auch sie die Schwiegermutter häufig. So bemühte sie sich seit Langem sehr darum, endlich angenommen zu werden – vergebens. Die Schwiegermutter ließ sie immer sehr deutlich spüren, dass sie nur geduldet war. Sie akzeptierte ihre Schwiegertochter nicht, weil sie ihr nicht gut genug war.

Meine Arbeit mit der Frau war sehr komplex. Ich schildere hier Schritt für Schritt, wie ich in einer solchen Situation vorgehe: Zunächst ging ich nicht auf die Ursache ein. Das war wichtig, weil die Frau diesen andauernden Schmerz der Ablehnung nicht mehr hatte ertragen können und das Bewusstsein daher entschieden hatte, ihn zu ignorieren. Die Frau versuchte zu denken, dass es ihr nichts ausmacht – das ist der Mechanismus hinter der Verschiebung. Wenn ich daher begonnen hätte, mit der tatsächlichen Ursache zu arbeiten, hätten sich diese zwei Abwehrmechanismen aktiviert, die dafür sorgten, dass die Frau den seelischen Schmerz nicht mehr spürt. Man kommt also über die tatsächliche Ursache der Trauer meistens nicht mehr an die eigentliche Trauer heran, weil genau dieses jahrelang verhindert wurde.

Da ich immer wieder mit diesen Zusammenhängen konfrontiert war, hatte ich nach Wegen gesucht, Trauer (oder ein anderes Gefühl) zu aktivieren, um sie wieder an ihren eigentlichen Platz zurückschieben zu können. So kam ich auf »neutrale« Beispiele, Übungen, die ich dazu anwenden kann. Bei dem Gefühl der Trauer nenne ich dies dementsprechend »neutrale Trauer«. Das ist mein Begriff für etwas, das traurig ist, die betreffende Person aber nicht traurig macht. Trauer ist nämlich einfach Trauer, und die Kugel leuchtet, unabhängig davon, wodurch sie aktiviert wird. Ob wir jetzt über eigene Erfahrungen trauern oder bei anderen Ursachen mitfühlen, es wird immer dasselbe Gefühl aktiviert. Deswegen müssen wir nicht mit den eigentlichen Ursachen arbeiten, oder nur begrenzt. Es ist auch nicht notwendig, das ganze Trauma noch einmal zu durchleben, das gilt sogar für ganz schwere Traumata.

In unserem Beispiel sprach ich also mit der Frau über das Trauergefühl. Ich erklärte, dass diese Emotion in der Brustregion sitzt und dass Trauer immer ein Teil von uns ist. Niemand kann uns traurig machen, es ist unsere eigene Trauer, die auf bestimmte Situationen reagiert. Dies ist wichtig zu wissen, denn dadurch wird die Angst vor der Trauer abgebaut, und das wirkt befreiend. Die Wahrnehmung, von außen kontrolliert zu werden, wird somit abgeschwächt. Der Satz: »Meine Trauer reagiert auf diesen Menschen«, klingt ganz anders als: »Dieser Mensch macht mich traurig.« Die Situation bleibt zwar dieselbe und die Menge der

Trauer auch, aber man fühlt sich nicht mehr so hilflos und ausgeliefert.
Ich erläuterte ihr auch den Mechanismus des »Tintenfischs« und wies auf die Wichtigkeit hin, die Trauer als eine der zu uns gehörenden Emotionen anzunehmen. Trauer kann auch ein angenehmes Gefühl sein, wenn wir es ganz zulassen. In diesem Zusammenhang erwähne ich gern das Beispiel des traurigen Films, den man sich im Fernsehen ansieht: Man ist dabei sehr traurig und weint vielleicht auch, aber man leidet nicht darunter. Dies kommt dem Konzept der neutralen Trauer sehr nahe.
Um das nun spürbar zu machen, arbeiteten wir mit der neutralen Trauer. Ich bat die Frau, an etwas zu denken, das sie zwar traurig findet, sie aber nicht traurig macht. Auf diese Weise würde sie die energetische Anwesenheit von Trauer spüren, ohne dass sie tatsächlich traurig würde. Wenn die Trauer in einem guten Zustand ist, nimmt man sie als Wärme wahr. Wenn sie verdrängt oder verschoben ist, spürt man zwar auch Wärme, aber viel weniger; und häufig empfindet man eher einen Druck, ein Ziehen oder eine Spannung, manchmal auch Schmerz.
Ich helfe jeweils, ein gutes Beispiel zu finden. Es darf nämlich keines aus dem persönlichen Leben sein. Als ideal erweisen sich die Nachrichten. Kriegerische Ereignisse sind meist weit weg vom eigenen Leben, aber dennoch so, dass man sie sehr traurig findet. Wenn das richtige Beispiel gefunden ist, kann ich »sehen«, wie die Trauer an ihrem Sitz zu leuchten beginnt. Nach und nach tun dies auch die verdrängten Stückchen. Sobald der verdrängte Teil leuchtet, spürt die Person eine Erleichterung und es wird ihr wärmer. Häufig wird sie dabei auch für kurze Zeit traurig. Das ist der Moment, in dem die Trauer als Ganzes angenommen wird.
Dass die Trauer häufig aufgeteilt ist, obwohl sie eigentlich eins ist, hat seine Ursache: Wir schreiben bestimmte Trauerempfin-

dungen bestimmten Ursachen zu und stehen dann nicht mehr dazu, dass sie von uns kommen und eben nicht von außen verursacht wurden. Meine Arbeit besteht darin, die einzelnen Teile der Trauer wieder zusammenzufügen. Der erste Schritt dazu ist, alle Teile zum Leuchten zu bringen.

Auch die besagte Klientin spürte in diesem Teil der Übung die größere Wärme im Brustbereich, in ihren Händen jedoch nahm der Schmerz zu. Die einzelnen Tropfen begannen ebenfalls zu leuchten. Es war, als ob ihr Körper ihr mitteilen wollte, dass dort auch noch etwas ist. Ich erklärte ihr, dass der Schmerz in den Händen ebenfalls Trauer ist. Daraufhin erzählte sie mir, dass es sie traurig macht, weil sie so vieles versuchte, um der Schwiegermutter zu gefallen. Sie habe sich bei Einladungen und insbesondere mit dem Kochen immer so viel Mühe gegeben, aber die Schwiegermutter habe jedes Mal kaum etwas gegessen. Nun könnte man sagen, die Hände seien traurig, weil die ganze Mühe nichts nützte. Aber die Hände können ja nichts dafür. Es ist vielmehr so: Die Frau wertete sich selbst stark ab und damit auch ihre Hände.

Wir sprachen nun darüber, dass sie zwei Dinge annehmen sollte: Es ist ihr erstens nicht möglich, ihre Situation zu verbessern, und genau das macht sie zweitens traurig. Der nächste Schritt war, die Trauertropfen wieder an ihren ursprünglichen Ort zurückzubringen. Dazu bat ich die Frau, wieder an ihr Beispiel der neutralen Trauer zu denken und sich dann vorzustellen, wie sich die einzelnen Tropfen langsam nach oben bewegen. Zuerst taten dies nur ein paar. Sofort aber verschob sich auch ihr Schmerz. In dem Moment wurde ihr klar, dass sie der Anweisung wirklich folgen kann. Für die meisten Menschen, denen ich dieses Vorgehen erkläre, ist es etwas völlig Neues. Deshalb haben sie oft auch Mühe, es sich vorzustellen. Zwei Dinge sind wichtig: erstens, selbst zu spüren, dass Trauer sich tatsächlich angenehm warm anfühlen kann, und zweitens die Wahrnehmung, dass der Schmerz sich verschoben hat.

Nach weiteren fünfzehn Minuten hatte die Frau auch die anderen Tropfen an ihren Bestimmungsort zurückverschoben. Anschließend verschoben wir die Wuttropfen auf die gleiche Art zurück in die Bauchregion zum Sitz der Wut. Dieser Fall ist ein gutes Beispiel für Selbstheilung und für den Anteil, den ich dabei habe. Nicht ich verschiebe nämlich die Gefühle meiner Klienten. Das macht keinen Sinn, der Schmerz würde kurz darauf zurückkehren, weil die Botschaft vom Körper nicht verstanden worden wäre.

Nach der Sitzung waren die Schmerzen in den Händen und im Schulterbereich verschwunden. Beim nächsten Essen mit der Schwiegermutter tauchten sie in den Händen zwar wieder auf. Die Frau kannte aber nun den Grund, und so gelang es ihr auch sofort, die Trauer wieder bewusst anzunehmen und die Trauertropfen zurückzuverschieben. Ein halbes Jahr später befand sie sich immer noch in der gleichen Situation, aber sie fügte ihr kein Leiden und keine Schmerzen mehr zu, da sie ihre Trauer und die Hilflosigkeit angenommen hatte.

Dieses Praxisbeispiel zeigt sehr gut, wie mithilfe einer Anleitung Selbstheilung geschehen kann. Ich sehe zwar, welche Gefühle hinter bestimmten Beschwerden liegen – das vereinfacht die ganze Situation –, und ich kann unterstützen, indem ich helfe, die Gefühle zu aktivieren. Aber die Verschiebungen muss die betreffende Person selbst verwirklichen, damit der Lernprozess stattfinden kann und der Körper bei der nächsten Situation entsprechend reagiert.

→ *Mit dem Gefühl der Trauer üben*

Wenn Sie üben möchten, das Gefühl der Trauer wahrzunehmen, denken Sie am besten an etwas neutrales Trauriges (wie im Praxisbeispiel erwähnt) und bitten eine weitere Person, dasselbe zu tun. Falls es Ihnen schwerfällt, sich eine neutrale Trauer vorzustellen, gebe ich hier einige Beispiele, die sich dafür eignen und die ich auch in meinen Kursen immer wieder benutze: Die Ermordung von John Lennon oder Präsident Kennedy. Beides ist sehr traurig, aber zugleich sehr weit weg von unserem Alltag. Auch ein Krieg ist ein Beispiel, aber nur, wenn Sie sich nicht täglich damit beschäftigen. Mit diesen Hinweisen finden Sie sicher weitere geeignete Möglichkeiten zum Üben.

Nun führen Sie die Hand in einer Distanz von etwa zehn bis fünfzehn Zentimetern am Körper des Übungspartners entlang. Dort, wo Sie Wärme spüren, sitzt die Trauer. So können Sie den ganzen Körper abspüren. Überall, wo Sie Wärme wahrnehmen, können Sie davon ausgehen, dass sich dort Trauer befindet.

Um dies bei sich selbst wahrzunehmen, können Sie sich auf Ihren Körper konzentrieren und fühlen, wo Sie etwas spüren. Der Versuch mit der Hand ist am eigenen Körper sehr schwierig. Wenn Sie diese Übung zu zweit machen und nachher vergleichen, gibt es meistens Orte, die übereinstimmen, und Orte, die das nicht tun. Wie genau Sie bei der anderen Person Trauer wahrnehmen, hängt von Ihren eigenen Frequenzen der Trauer ab. Je mehr Sie selbst Trauer als Gefühl annehmen, desto genauer spüren Sie sie beim anderen.

Oder anders erklärt: Person A wird die verdrängten Anteile von Person B meistens besser wahrnehmen als Person B selbst. Wenn Person B ein gutes Bild von ihrer eigenen Trauer haben möchte, sollte sie die Wahrnehmungen von sich selbst und diejenigen von Person A zusammenfügen. So liegt man im Groben selten falsch, während einzelne Trauertropfen leicht übersehen werden können.

Die Kraft der Trauer liegt im Verbundensein mit allem – mit allen Dingen, allen Menschen, der ganzen Welt und noch darüber hinaus. Vom Gefühl der Trauer können Sie in der eigenen Trauer getragen werden. Wenn Sie dieses Gefühl zulassen und es seine ursprüngliche Form – die einer Kugel – wieder hat, erleben Sie eine Tiefe wie nie zuvor. Was Trauer an Kraft in sich trägt, wird nicht so häufig sichtbar, man hört aber immer wieder davon, wie ein schweres Schicksal einem Menschen neue Kraft geben kann – dann werden beispielsweise Selbsthilfegruppen oder Stiftungen aufgebaut, die ähnlich Betroffenen eine Unterstützung sind. ↑

Die Schuldgefühle annehmen

Schuldgefühle sind meistens mit Trauer verbunden. Fühlt man sich schuldig, weil man jemandem nicht helfen konnte, bedeutet dies eigentlich, dass man traurig ist, weil das nicht möglich war. Das nehme ich als einen Tropfen Trauer und damit verbundene Gedanken wahr, die über diesem Tropfen liegen.

In ein Schuldgefühl können noch andere Gefühle wie beispielsweise Liebe oder Wut vermischt sein. Man kann sich schuldig fühlen, weil man wütend geworden ist. Dann liegen je ein Tropfen Trauer und Wut beieinander, verbunden mit Gedanken. Es passiert auch oft, dass ein oder mehrere Tropfen Trauer am Sitz der Wut feststecken. In diesem Fall wird der Betreffende jedes Mal auch traurig, wenn sich die Wut aktiviert. Ich sehe das, indem die rote (Wut-)Kugel zu leuchten beginnt und die sich darin befindenden blauen Tropfen mitleuchten. Bei Schuldgefühlen ist es also wichtig herauszufinden, wo sie liegen, um sie von dort aus zum Sitz der Trauer zurückverschieben zu können. Dann werden die Schuldgefühle leichter. Es kann sein, dass die Gedanken bleiben, das dürfen sie auch, denn der Versuch, sich selbst etwas auszureden, nützt wenig.

Wenn sich zum Beispiel Eltern schuldig fühlen, weil mit ihren Kindern etwas nicht in Ordnung ist, so ist das völlig normal. Man macht sich als Eltern in einem gewissen Maß immer Vorwürfe, sogar wenn man weiß, dass man nicht schuld ist. Da hilft gar nichts. In diesem Fall ist es gut, einfach anzunehmen, dass man sich schuldig fühlt und traurig ist. Das erleichtert, und man leidet unter den Schuldgefühlen nicht mehr so stark.

Häufig liegen Schuldgefühle im Gefühl der Liebe und blockieren dort die Schwingungen dieser Emotion, sodass man Mühe hat, die Liebe zu spüren. Auch in diesem Fall sollten die Schuldgefühle wieder zur Trauer zurückverschoben werden. Sogar wenn die Schuld zurückverschoben wurde, kann dieses Gefühl weiterhin Probleme verursachen. Schuld ist einfach ein Gefühl, das man eigentlich nicht haben möchte – obwohl wir es alle haben. Wie geht man also damit um?

Soll man »loslassen«?

Wenn es um Schuld geht, wird häufig vorgeschlagen, dass man »loslassen« sollte. Das ist natürlich gut, vorausgesetzt es funktioniert. Ich beschreibe hier noch einen anderen Weg, mit Schuld umzugehen, da uns das Loslassen oft Mühe macht.

Was bedeutet eigentlich dieses »Loslassen«? In der Praxis mache ich immer wieder die Erfahrung, dass dieser Begriff den Menschen Angst macht, weil sie nicht wissen, wie sie es anstellen sollen und es ihnen deshalb auch nicht gelingt. Es ist auch ein wenig paradox: Man arbeitet daran, etwas loszulassen, und ist daher erst recht damit beschäftigt. So erreicht man eher eine Verstärkung als ein Lösen. Loslassen ist für mich ein Begriff, der zur materiellen Welt gehört. Ich kann ein Glas loslassen, fallenlassen. Es fällt auf den Boden und zerbricht. Spricht man in diesem Zusammenhang über Schuld – also über etwas Unsichtbares –, ist es schwierig vorstellbar, weil man ein Gefühl oder einen Gedanken nicht wie ein Glas festhalten und damit auch nicht auf eine solche Art loslassen kann. In der unsichtbaren Welt gibt es weder Raum noch Zeit, deswegen ist der Vorschlag des Loslassens etwas, das die Situation häufig erschwert statt erleichtert.

Daher sollte es vielmehr darum gehen, einen Weg zu finden, konstruktiv mit Schuld umzugehen. Um dies besser verstehen zu können, braucht es eine vertiefte Einsicht in die Rollen von Geist und Ego im Zusammenhang mit Schuld.

Die Rollen von Geist und Ego bei Schuld

Man kann unterscheiden zwischen der Schuld, die vom Ego, und der, die vom Geist her stammt. Das Ego handelt, daher ist der Schuldgedanke die unweigerliche Folge. Wenn wir durch eine Handlung oder Aussage jemanden traurig machen, sind wir schuld. Diese Art von Schuld lässt sich einigermaßen vermeiden, indem wir uns die eigenen Handlungen und Aussagen bewusst machen. Im Ego können wir Verhaltensentscheidungen treffen, die Schuld vermeiden. Trotzdem passiert es manchmal, unbeabsichtigt, dass wir uns wegen irgendeiner Handlung oder Aussage trotzdem schuldig fühlen.

Der Geist hingegen hat Zugang zum Möglichkeitsraum. Von der geistigen Perspektive her gibt es keine kausalen Zusammenhänge, deswegen sollte Schuld im Geist eigentlich nicht existieren. Bei den meisten Menschen existiert sie aber doch, und diese Art von Schuld ist größtenteils viel schmerzhafter als die Schuld, die vom Ego herrührt.

Denn: Haben wir aus dem Ego heraus jemanden durch eine Aussage verletzt, haben wir Handlungsmöglichkeiten, dies wiedergutzumachen. Wenn die Schuld aber im Geist ist, verfügen wir über keine Handlungsmöglichkeit, diese Schuld zu verringern, und zwar weil der Geist nicht handelt.

Das Ego lebt in Raum und Zeit, der Geist ist außerhalb davon. Wenn man vor einem Jahr jemanden verletzt und dies danach wiedergutgemacht hat, fühlt man sich vom Ego her weniger schuldig als damals im Moment selbst, da ein Jahr vergangen ist. Der Geist aber kennt keine Zeit, und Schuldgefühle im Geist »verjähren« demzufolge auch nicht. So kann etwas immer präsent bleiben, ganz so als ob es gestern gewesen wäre. Man kann dies nicht verringern, weder durch Zeit noch durch Handlung.

Viele unternehmen einiges, um diese Schuld irgendwie loszuwerden. Etwa indem sie sich selbst bestrafen. Wäre die Schuld nur im Ego, könnte dies helfen. Da sie aber im Geist liegt, hilft alles Handeln nichts. Oft vergrößert sich dabei die Schuld, und die Betreffenden geraten in eine Endlosschleife ohne Ausweg und Hoffnung.

Die Schuld im Geist kann sogar so stark anwachsen, dass sie auf andere Zeiten übergreift. Man beginnt zu denken, dass man schon vor der Geburt schuldig war und das auch nach dem Tod nicht aufhört. Dieses lineare Zeitkonzept gehört zwar nur zum Ego und nicht zum Geist, aber wie gesagt, die Last wiegt schwerer und schwerer und die Psyche erreicht ihre Belastungsgrenzen.

Aus diesen Gründen empfehle ich, die Schuld einfach anzunehmen. Das Gefühl kann aber mit Visualisierungsübungen aufgewertet werden. Zwei entsprechende Übungen stelle ich im Folgenden vor: den Schuldberg und die Waage.

→ *Übungen mit dem Schuldgefühl*

Der Schuldberg

Erstellen Sie in Ihrer Vorstellung aus Ihrer Schuld einen Berg oder einen Hügel. Wie sieht Schuld aus? Viele sehen Schuld als etwas Schwarzes, Schweres. Deswegen rate ich häufig zu einem Kohlen- oder Kiesberg.

Stellen Sie sich also diesen Berg vor und errichten Sie in Gedanken einen Zaun darum. Hängen Sie auch ein Schild daran, auf dem in etwa steht: »Dies gehört nur mir – Zutritt verboten!« Wenn möglich können Sie in derselben Gegend andere Schuldberge visualisieren, die entweder größer oder kleiner als Ihr eigener sind, gerade so, wie es Ihnen am besten gefällt. Sie nehmen also die Schuld zur Kenntnis und behalten vorerst einmal alles bei sich.

Im nächsten Schritt sehen Sie sich den Kohlen- oder Kiesberg genauer an und beginnen, zwischen die Kohlen oder Steine Edelsteine oder Blumen zu legen. Das Ziel soll sein, das Ganze irgendwie angenehmer zu machen und die Angst vor der Schuld ein wenig zu verkleinern. Wenn Sie diesen Schritt mehrmals durchführen, beginnt die Schuld etwas weniger schwer zu wiegen.

Sie können auch die typische Ego-Eigenschaft nutzen und sich darüber freuen, mehr Schuld zu besitzen als andere. Das Ego freut sich, wenn man von etwas mehr besitzt als andere Menschen – sogar wenn es so etwas Unangenehmes wie Schuld ist. Sie können natürlich auch dafür sorgen, dass alle anderen Schuldberge viel größer sind als Ihr eigener Berg – auch darüber freut sich das Ego sehr … Wenn Sie daraufhin das »Konzept Schuld« etwas leichter und lockerer anschauen können, sollten Sie zusätzlich noch mit der Visualisierung der Waage arbeiten.

Die Waage

Bei dieser Visualisierung empfehle ich, eine große Waage vor dem geistigen Auge erscheinen zu lassen, auf der Schuld in Form von Goldmünzen oder Früchten liegt. Stellen Sie sich also vor, wie die Waage beladen ist. Sie können themenorientiert vorgehen oder allgemein. In der einen Waagschale liegen Orangen, die die Menge der Schuld, die Sie an einer bestimmten Situation tragen, symbolisieren. In der anderen Waagschale symbolisieren die Orangen, wie viel Schuld jemand anderer daran trägt. Bei den meisten liegt die Waage völlig schief: Die Orangen sind hauptsächlich bei einem selbst.

Der nächste Schritt ist, die Orangen neu zu verteilen, indem Sie nicht nur sich selbst Schuld geben, sondern auch anderen. Da kommt sehr häufig die Bemerkung: »Ich habe diesem Menschen schon vergeben, mich mit ihm versöhnt, wieso sollte ich das jetzt wieder rückgängig machen?« Für mich bedeutet Versöhnung, noch einen weiteren Schritt zu tun: Es geht nicht darum, die Schuld, die das Ego dem anderen gibt, loszuwerden, vielmehr kann man sich damit versöhnen, dass das Ego so etwas eben tut. Man kann sich auch damit versöhnen, dass man es nicht ausstehen kann, wenn das Ego so denkt. Viele verstehen Versöhnung aber in dem Sinne, dass man etwas loswerden, wegbekommen sollte. Dies ist im Grunde genommen eine Verdrängung seines Egos und seiner Gefühle. Was wiederum heißt, dass man einen Teil von sich selbst ablehnt. Dies kann zu verminderter Selbstliebe und zu Trauer führen.

Also, um die Waage ins Gleichgewicht zu bringen, ist es nötig, Ihr Ego Schuld nach außen schieben zu lassen, mindestens im gleichen Maß, wie es sich selbst Schuld gibt. Meiner Ansicht nach müssen die beiden Waageschalen jedoch nicht unbedingt gleich belastet sein. Sie dürfen ruhig auch sechzig zu vierzig Prozent zulassen – zugunsten von Ihnen selbst. Je mehr Ihnen bewusst wird, dass Schuld nur im Ego existiert und von Natur aus nicht im Geist, desto leichter fällt es Ihnen, dem Ego seinen Platz zu geben und es als gleichwertigen, göttlichen Teil von Ihnen wahrzunehmen – gleichgestellt neben dem Geist. ↑

Die Liebe strahlen lassen

Alles ist Liebe, Liebe ist alles. Ich möchte hier aber weder die Liebe definieren – das kann man gar nicht –, noch auf religiöse oder philosophische Aspekte der Liebe hinweisen. Ich möchte auf alltägliche Probleme im Zusammenhang mit dieser Emotion eingehen und Lösungswege aufzeigen.

Das Gefühl der Liebe sitzt in der Herzregion. Ich nehme es wahr wie eine große, gelbe, strahlende Kugel. Wenn diese Kugel intakt ist, strahlt sie etwa fünf Meter weit nach außen. Diese Strahlen sind für mich sichtbar. Ihre Länge haben für mich eine Bedeutung und ebenso, ob sie von der ganzen Oberfläche der Kugel abstrahlen.

Eigentlich sind wir alle immer in Liebe miteinander verbunden, aber wir nehmen es nicht mehr wahr. In meiner alltäglichen Arbeit mit Menschen, die sich mit der Welt oder anderen Menschen nicht verbunden fühlen – auch nicht mit sich selbst –, merkte ich, dass eine Aussage oder Affirmation wie beispielsweise »Ich bin mit allem verbunden, auch wenn ich es nicht spüre«, so gut wie keine Hilfe für sie ist. Ich konnte oft kaum etwas tun, damit ein solcher Mensch sich wieder besser fühlt. Deswegen befasste ich mich eingehender damit, ich wollte einen praktischen Weg finden, wie man diese Verbundenheit wieder fühlen kann.

Die Länge der Strahlen spielt dabei eine wichtige Rolle, deshalb gehe ich im Folgenden näher darauf ein. Die genannte ideale Länge von ungefähr fünf Metern ist ein Richtwert von mir, die Liebe ist aber unabhängig von Raum und Zeit. Wenn man einen Menschen liebt, reicht diese Liebe bis zu ihm hin, unabhängig davon, wie weit er von einem entfernt ist. Dies führt zu dem Gefühl des Miteinander-Verbundenseins. Im Verlauf meines Nachforschens merkte ich, dass die Strahlen kürzer sind, wenn die Menschen diese Verbindung zu anderen nicht mehr spüren können.

Die Selbstliebe

In meiner Arbeit unterteile ich das Gefühl der Liebe in die Selbstliebe, die Liebe zu anderen Menschen und die Liebe zum Göttlichen. Dies dient mir in der Praxis, ist aber in der Gefühlskugel selbst in dem Sinne nicht sichtbar. Um Unterscheidungen machen zu können, beobachte ich vor allem genau, wo die Strahlen hingehen. Wenn zum Beispiel die Selbstliebe kleiner ist als die Liebe zu anderen Menschen, dann führen die Strahlen stärker nach außen und weniger nach innen zum eigenen Körper.

Eine wichtige Feststellung ist, dass die Kugel einen Resonanzkörper darstellt. Ein einfaches praktisches Beispiel für die Selbstliebe veranschaulicht bildlich, was damit gemeint ist: Stellen Sie sich eine Glühbirne vor, aber etwa so groß wie das Rad eines Traktors. Wenn Sie beispielsweise denken, »Ich mag nicht, wie ich aussehe«, kleben Sie in dem Moment einen kleinen schwarzen, lichtundurchlässigen Plastikkleber, einen »Sticker«, auf die Glühbirne. Die Strahlen bleiben so zwar alle gleich lang, aber dort, wo der Sticker ist, kann der Strahl nicht nach außen. Machen Sie das eine Zeit lang, ist die Glühbirne zugeklebt. Ich schildere dies hier stark vereinfacht. Meistens werden nämlich andauernd Sticker aufgeklebt und andere wieder weggenommen, je nachdem, was man denkt.

Was passiert nun? Schon wenn die Glühbirne zur Hälfte zugeklebt ist, fühlt sich das ziemlich unangenehm an. Man hat nicht unbedingt körperliche Symptome, aber es geht einem nicht gut und wahrscheinlich fühlt man sich auch müde. Denn es braucht sehr viel Kraft, die Strahlen mit diesen Stickern zurückzuhalten. Häufig wird dazu die Energie des Geistes eingesetzt, weil meistens das Idealbild – wie man glaubt, denken zu müssen – dort angesiedelt ist. Dazu wird gleichzeitig das Ego bekämpft, da es einen ständig bewertet. So fehlt eine Menge an geistiger Energie. Das wirkt sich auch auf die Konzentrationsfähigkeit aus, etwa bei der Arbeit. Man kann generell Mühe haben, sich längere Zeit auf etwas zu fokussieren. Es ist etwa so, als ob man an einer Grippe leidet, ohne jedoch wirklich eine Grippe zu haben.

Das Licht ist nach wie vor und unverändert da, aber da so viele Sticker auf dem Glas kleben, spürt man es weniger. Kommt nun jemand und sagt: »Du siehst heute aber toll aus«, treffen die Strahlen dieser Person auf die Sticker statt auf die eigenen Strahlen. So glaubt man ihr nicht, weil man in sich keine Resonanz spürt. Man denkt dann höchstens: Die sagt das nur aus Höflichkeit. Wie wir aus dem Kapitel »Der Geist und das Ego« wissen, geht es hierbei nicht nur um die Aussage, dass man sich nicht mag. Die meisten sind sich dieser »negativen« Gedanken bewusst und haben deswegen erst recht ein schlechtes Gewissen, und das sorgt für noch mehr Sticker auf der Glühbirne … Doch es gäbe keine Sticker, wenn man diesen Gedanken liebevoll annehmen könnte. In diesem Fall wäre es kein »negativer« Gedanke mehr, sondern ein »positiver« – oder einfach ein Gedanke.

Diese Bewertungen der Gedanken machen wir selbst, und die Gedanken lassen sich kaum steuern. Häufig sagen mir Menschen, dass sie sich hassen, weil sie es nicht schaffen, mit diesen negativen Gedanken aufzuhören, und dass sie es nicht fertigbringen, sich selbst zu lieben, und so weiter. Einige versuchen, mit Meditation ihre Gedanken zum Schweigen zu bringen, was auch funktioniert. Es ist aber meist ziemlich anstrengend, und vielen Menschen gelingt es auch nur für die Zeit während der Meditation. Sind sie wieder im stressigen Alltag, beginnen sie meistens von Neuem, das Übliche zu denken. Aus diesen Gründen empfehle ich, die Gedanken liebevoll denken zu lassen, was sie wollen, ohne sich darüber aufzuregen. Dann entsteht kein innerer Widerstand mehr gegen die eigenen Gedanken, die mit der Zeit auch kooperativer werden, um es etwas frei auszudrücken. Falls Sie gern meditieren und in die Stille gehen möchten, können Sie die Gedanken einfach darum bitten, kurz innezuhalten. Das geht, ohne dass Sie irgendeine Anstrengung brauchen.

Bei diesen inneren Konflikten geht es also meistens um eine Auseinandersetzung zwischen einem geistigen Idealbild und den Gedanken des Egos. Vielfach kommt noch das Gefühl von Trauer hinzu, das sich mit dem der Liebe vermischt – man ist über sich selbst traurig. Auf das bildliche Beispiel bezogen sähe das aus, als ob in der Glühbirne eine kleine Wolke wäre. In einem solchen Fall arbeite ich zuerst mit der Trauer. Ich leite die Person an, die Trauer zu spüren und anschließend die Liebe.

Dauern diese inneren Konflikte über längere Zeit an, kann Hass entstehen. Man hasst sich selbst oder andere. Ich erkläre betroffenen Menschen, dass Hass zur Liebe gehört und ebenso im Herzen sitzt. Für mich ist Hass ebenso Liebe, genauer gesagt, abgelehnte Liebe. Hass fühlt sich kalt an – man spürt nur noch die aufgeklebten Sticker, um beim Glühbirnen-Beispiel zu bleiben, und nicht mehr die Wärme, die darunter liegt.

Das Vorgehen sieht dann in etwa so aus: Ich bitte die Person, erst einmal dazu zu stehen, dass sie sich selbst hasst. So spürt sie meistens diese Kälte. Daraufhin motiviere ich sie, diesen Teil von sich, der eben so gern »negativ« denkt, zu lieben. Bei den meisten wird es dann plötzlich ganz warm im Herzen.

Die Liebe zu anderen Menschen

Bei der Liebe zu anderen Menschen geht es darum, wie man sie »anstrahlt«. In diesem Zusammenhang ist das Loslassen wieder ein wichtiges Thema. Bei Trennungen – welcher Art auch immer – kommt häufig der Gedanke, dass man diesen anderen Menschen jetzt loslassen müsse. Wenn zum Beispiel die Kinder ausziehen, sich daraufhin nicht mehr so häufig melden und kaum noch auf Besuch kommen, fühlt man sich deswegen traurig und denkt: Ich muss meinen Sohn, meine Tochter mehr loslassen. Meistens fühlt man sich jedoch noch schlechter dabei.

Ich werde, wie schon erwähnt, immer wieder auf dieses Loslassen angesprochen und gefragt, ob das nötig sei. Nun, es kommt darauf an, wie es gemeint ist. Von der geistigen Perspektive her gesehen gibt es kein Loslassen, weil wir alle immer miteinander verbunden sind. All diese Loslassversuche sind sehr anstrengend. Und bei den meisten verkürzen sich dabei die Strahlen der Liebe. Deshalb mache ich mit diesen Menschen oft die Strahlenübung, die ich Ihnen noch vorstellen werde. Schnell spüren die meisten damit eine Erleichterung, und die Verbindung zum anderen Menschen nehmen sie auch wieder wahr.

Wenn ein geliebter Mensch stirbt, denken viele ebenso, dass sie ihn loslassen müssten. Frage ich nach, wie sie das meinen, kommt häufig die Antwort, dass sie Angst haben, den Verstorbenen hier auf der Erde festzuhalten, sodass er dann nicht weitergehen könne. So etwas ist aber nicht möglich. Jeder kann mit dem Tod auf seine eigene Art umgehen. Möchte man die persönlichen Gegenstände eines Verstorbenen wegwerfen, ist das okay; möchte man sie behalten und nichts verändern, um damit sehr häufig an diesen Menschen denken zu können, ist das genauso gut. Die Welt der Verstorbenen ist keine andere als die unsere. Wir nehmen es nur so wahr, weil wir sie nicht sehen können. Auch in diesen Fällen übe ich mit den Menschen das Strahlen, weil sie ihr eigenes Strahlen meistens gedimmt haben.

Bei Trennungen und Scheidungen geschieht dies ebenfalls oft. Wenn man verlassen wird, hört die Liebe aber deswegen nicht auf. Hierbei ist es einfach wichtig, die Handlungsebene von der Gefühlsebene zu trennen. Wohnt man nicht mehr im gleichen Haus oder ist man wütend aufeinander, wird die Liebe doch deswegen nicht kleiner. Man wünscht sich das zwar häufig oder will den anderen Menschen nicht mehr lieben. Doch dies sind alles Gedanken, die auf das Gefühl selbst keinen Einfluss haben. Außer man strahlt weniger. Doch dann leidet man darunter und hat Mühe, eine neue Beziehung aufzubauen. Hier hilft dieselbe Übung. Es gilt, den anderen Menschen wieder anzustrahlen. Dabei spielt es keine Rolle, wo er sich gerade befindet, man muss es sich nur in Gedanken vorstellen.

Ähnlich ist es bei einer Beziehung, in der man verbal verletzt wurde. Viele reagieren mit dem Zurückziehen der Strahlen, in der Hoffnung, weniger Trauer zu empfinden. Doch es ist hier genau dasselbe, es wird meistens nur noch schlimmer, weil man den Partner nicht mehr so gut spürt. Zudem steigert sich die Angst, nicht mehr geliebt zu werden, und die Traurigkeit wird größer. Auch hier hilft die Strahlenübung und das Annehmen der Trauer.

Bei vielen schwereren Depressionen ist es sogar so, dass die Strahlen irgendwann komplett aufhörten, nach außen zu dringen. Die Selbstliebe, die Liebe zu anderen Menschen und zur Welt wurden auf ein Minimum reduziert. Dies ist mit einem enormen Kraftaufwand verbunden. Die »Batterien« sind praktisch leer, weil man die Kraft gegen sich selbst einsetzt.

Die Liebe strahlt eigentlich ständig von ganz allein, und es braucht immer einen gewissen Kraftaufwand, wenn man das willentlich zu verhindern versucht. Parallel dazu wird die Trauer über das verminderte Strahlen verdrängt – ein Kampf mit den eigenen Gedanken ist die Folge. Zunächst kann man noch eine gewisse Zeit funktionieren, bis auch die letzten Kräfte aufgebraucht sind. Darauf folgt häufig ein kompletter Zusammenbruch, mit oder ohne körperliche Symptome.

Es können sich beispielsweise Schmerzen in der Herzregion manifestieren, sodass man glaubt, man habe etwas mit dem Herzen. Bei einer ärztlichen Untersuchung wird aber nichts gefunden. Das ist oft schwer zu akzeptieren, da die Schmerzen tatsächlich sehr stark sein können. Auch eine völlige Erschöpfung kann daraus hervorgehen.

Die Liebe zum Göttlichen

Bei der Liebe zum Göttlichen sollte jeder für sich selbst entscheiden, wie er »üben« möchte. Da gibt es je nach Religion verschiedene Vorstellungen und Wege. Weil Menschen aus allen Glaubensrichtungen zu mir kommen, kann und will ich keine spezifischen Übungen oder Beispiele hierfür geben. Das Einzige, was ich Ihnen raten möchte, ist, darauf zu achten, dass die Liebe in beide Richtungen gleich viel strahlt. Viele »schicken« Liebe zum Göttlichen hin, aber gleichzeitig bereitet es ihnen Mühe zu glauben, dass sie genauso viel zurückbekommen.

Praxisbeispiel zum Gefühl der Liebe

Eine Mutter suchte mich auf, weil ihre Tochter drogenabhängig geworden war. Es ging ihr sehr schlecht, sie fühlte sich schuldig und wusste nicht, wie sie mit diesen Gefühlen umgehen sollte. Sie hatte große Angst um ihre Tochter und das Gefühl, sie nicht mehr zu spüren. Bei diesem Fall galt es mehrere Aspekte zu beachten: die Gedanken, die Trauer und die Liebe. Im Folgenden schildere ich den Verlauf des Gesprächs und die Maßnahmen, die getroffen wurden, um eine Besserung zu erreichen – die dann auch eingetreten ist. Die Mutter beschäftigte sich schon ein wenig mit der spirituellen Sichtweise und konnte daher vom Verstand her erkennen, dass ihre Tochter diesen Weg gewählt hatte. Sie wurde jedoch die Gedanken, eine Schuld an der Drogensucht zu tragen, nicht los.

Geist und Ego »denken« darüber unterschiedlich. Weil das Ego den größeren Rahmen der Dinge nicht wahrnehmen kann, denkt es, dass es die Schuld trägt. Das Ego ist gewohnt, die Welt zu organisieren und mit Dingen umzugehen, die es kontrollieren kann. Diese Denkweise wird dann auch in Bezug auf die eigenen Kinder angewandt – als ob man sie kontrollieren könnte. Von der geistigen Perspektive her ist deutlich, dass jeder Mensch seinen eigenen Weg geht. Man kann eigentlich nichts tun, um ihn von etwas abzubringen. Der Geist bewertet diese Vielfalt an Erfahrungsmöglichkeiten, die uns zur Verfügung stehen, nicht. Jede Erfahrung ist gleichwertig.

Die Frau wusste einiges darüber, verstand aber nicht, weshalb sie sich schuldig fühlte. So half ich ihr zuerst, die Situation aus der Ego-Perspektive anzusehen und diese Gedanken – das Sich-schuldig-Fühlen – anzunehmen und als Trauer zu spüren. Dann bat ich sie, immer noch aus der Ego-Perspektive heraus nachzudenken und alle diese Gedanken darüber zuzulassen, dass sie es hätte besser machen müssen. Dabei empfand sie das Schuldgefühl sehr stark, wie eine Art von Schmerz in Herznähe. Auch die Atmung fiel ihr schwerer und sie spürte ein Druckgefühl in der Brustregion.

Ich erzählte ihr, dass Eltern sich aus der Sicht des Egos immer schuldig fühlen, wenn ihre Kinder Probleme haben oder leiden. Das ist völlig normal und sehr menschlich, egal, wie alt die Kinder sind. Sie möchten nie, dass die eigenen Kinder leiden und dass ihnen etwas zustößt. Das sind alles ganz normale Gedanken, die man annehmen kann.

Schließlich berichtete die Frau von ihrer inneren Verzweiflung und den Befürchtungen, nichts tun zu können, um ihrer Tochter zu helfen. Das Gefühl dieser großen Hilflosigkeit sei so schwer zu ertragen und sie habe Angst, eine schlechte Mutter zu sein. Es war wichtig, diese Gedanken zuzulassen, denn dies waren die Kerngedanken – das, was sie wirklich dachte, aber versuchte, möglichst nicht zu denken.

Ich bat sie nun, die Hilflosigkeit zu spüren und dabei darauf zu achten, wo sie sie im Körper lokalisieren könne. Sie nahm sie sowohl in der Herzregion als auch am Sitz der Trauer wahr. Es ging jetzt darum, diese Hilflosigkeit zu analysieren, ihr also zu erklären, dass sie nicht eine schlechte Mutter ist, sondern dass es ihr einfach deshalb schlecht geht, weil sie ihre Tochter sehr liebt und deswegen in der aktuellen Situation sehr traurig ist.

Daraufhin forderte ich sie auf, an etwas neutrales Trauriges zu denken, um die Trauer teilweise wieder zurück an ihren Platz schieben zu können (siehe auch Seite 35 ff.). Sie spürte wenig, es gab ihr eher eine Art Druckgefühl. Als Nächstes erklärte ich ihr das Strahlen der Liebe und sagte ihr, dass sie die Verbindung zu ihrer Tochter deshalb nicht mehr spüren könne, weil ihre Strahlen zu kurz geworden seien. Während dieser Beratung saßen wir im Freien auf einer Bank im Park, und ich bat sie, sich vorzustellen, den Boden mit Liebe anzustrahlen: mit einer Art Scheinwerfer, den sie im Herzen habe. Das war für sie anfänglich etwas schwierig.

Danach wiederholte sie die Übung mit der Trauer, was sich jetzt für sie etwas besser anfühlte. Auch das Strahlen wurde erneut geübt, dieses Mal aber nicht auf den Boden, sondern zu einem Baum, der etwas weiter entfernt stand. Das ging ebenso besser. So gab ich ihr nun die Aufgabe, an eine gute Freundin zu denken und sich vorzustellen, diese Person stände jetzt vor ihr, sodass sie auch sie mit Liebe anstrahlen könne. Daraufhin folgte nochmals die Übung mit der Trauer und anschließend wiederum das Strahlen, diesmal auf verschiedene andere Menschen. Es dauerte eine Zeit, bis sie die Trauer als Wärme wahrnehmen konnte und es ihr beim Strahlen auch in der Herzregion warm wurde. Erst dann bat ich sie, sich ihre Tochter vorzustellen und sie in Gedanken mit Liebe anzustrahlen.

In dem Moment konnte sie auch die Verbindung mit ihrer Tochter wieder wahrnehmen, und die Verzweiflung verschwand. Wichtig war einfach, dass sie die Trauer und die Liebe wieder separat voneinander spüren konnte. Sind die beiden vermischt, löst das Verzweiflung und Hilflosigkeit aus. Das Wahrnehmen der Verbindung gab ihr auch das Gefühl zurück, in dieser Situation etwas tun zu können. Ich schlug ihr vor, ihre Tochter immer wieder mit Liebe anzustrahlen und zu versuchen, ihr Vertrauen in sie zu stärken, dass sie es schafft.

→ *Übungen mit dem Gefühl der Liebe*

Setzen Sie sich zum Beispiel in Ihrer Küche an den Tisch und stellen Sie sich vor, dass Sie einen großen Scheinwerfer dort haben, wo Ihr Herz ist. Richten Sie diesen Scheinwerfer auf einen Gegenstand ganz in Ihrer Nähe und strahlen Sie ihn an. Ich machte dies zu Beginn meistens mit dem Tisch, der sich gut eignet, das Strahlen zu üben. Viele Menschen spüren, wenn die Strahlen die Tischdecke erreichen.

Machen Sie das vielleicht ein bis zwei Minuten lang, anschließend schicken Sie noch einen Gedanken mit den Strahlen mit, nämlich den, dass Sie eine Antwort erwarten. Dieser Gedanke sollte genau wie jener sein, den sie haben, wenn Sie das Telefon abnehmen und »Hallo« sagen. Dabei erwarten Sie, dass am anderen Ende jemand etwas sagen wird. Diesen Gedanken schicken sie nun also am Ende der Übung mit den Strahlen mit.

Dann warten Sie einen Moment. Sie werden vom Tisch zurück angestrahlt. Im besten Fall merken Sie das als Wärme oder als ein sehr angenehmes Gefühl. Der Tisch wirkt plötzlich lebendiger als sonst. Es ist dabei egal, aus welchem Material er besteht oder ob eine Tischdecke oder sonstige Gegenstände auf ihm liegen. Bei vielen, die das Strahlen zum ersten Mal bewusst üben, arbeitet da eher eine Taschenlampe als ein Scheinwerfer. Aber man braucht normalerweise nur wenige Male zu üben, um die Strahlenfläche zu vergrößern.

Ist Ihnen dies gelungen, üben Sie mit einem anderen Gegenstand. Wählen Sie einen, der sich etwas weiter weg befindet. Und anschließend einen, der noch weiter entfernt ist. Versuchen Sie beispielsweise auch vom Fenster aus, die Straße anzustrahlen.

Sie werden merken, es ist ein sehr schönes Gefühl, die Dinge nicht nur anzustrahlen, sondern auch von ihnen angestrahlt zu werden. Es vergrößert das Gefühl des Aufgehobenseins in der Welt. Und es ist wohltuend für den Körper. Nimmt man die Materie auf eine solche Weise an, macht man das automatisch auch mit dem eigenen Körper, weil er aus dem gleichen »Stoff« ist wie alle Dinge auch.

Wenn die Länge der Strahlen kein Problem ist und Sie mühelos eine weit entfernte Straßenleuchte anstrahlen können, dann versuchen Sie sich mehr auf den Aspekt der Kommunikation einzulassen. Ich schlage Ihnen vor, dazu beispielsweise Ihre Kaffeemaschine oder Ihren Kühlschrank zu nehmen. Denjenigen, die beim Tisch nichts gespürt haben, rate ich ebenfalls, es mit einem Gerät zu versuchen. Es kann natürlich auch der Fernseher oder der Computer sein. Wichtig ist, dass das Gerät eingeschaltet ist. Für mich persönlich macht es keinen Unterschied, was für einen Gegenstand ich nehme, aber ich bemerkte, dass am Anfang eine Maschine leichter sein kann als ein Tisch oder ein Glas.

Wichtig ist ebenso, dass Sie eine Antwort spüren, auf welche Art auch immer; das ist von Mensch zu Mensch verschieden. Die meisten spüren so etwas wie eine Wärmewelle, die vom Gegenstand zurückkommt, andere nehmen ein Kribbeln im Körper wahr.

Wenn Sie ein wenig geübt haben, können Sie dazu alle möglichen Gegenstände nehmen. Viele tauschen das Strahlen so auch mit Bäumen, Pflanzen oder Tieren aus, aber alltägliche Gegenstände sind genauso lebendig.

Diese Übung hilft auch, wenn man sich von bestimmten Dingen gestört oder belästigt fühlt. Fühlen Sie sich beispielsweise an Ihrem Wohnort von Baulärm gestört, können Sie versuchen, die großen Baumaschinen anzustrahlen. Es gibt einem ein schönes Gefühl, wenn man merkt, dass alles lebendig ist und man mit allem kommunizieren kann. Man fühlt sich aufgehoben in der Welt. ↑

Sich mit dem Hass auf etwas ausrichten

Hass ist ein Gefühl, von dem man glaubt, es nicht haben zu dürfen. Trotzdem empfinden es alle irgendwann einmal. Hass ist für mich an der gleichen Stelle wie das Gefühl der Liebe platziert – in der Herzregion. Es ist dieselbe Kugel wie beim Gefühl der Liebe, die aktiv wird, wenn man diese Emotion empfindet.

Auch hier möchte ich unterscheiden zwischen verdrängtem und angenommenem Hass. Das Bild, das wir vom Hass haben, ist ziemlich schlecht. In den Medien wird uns häufig präsentiert, wozu Menschen, die hassen, fähig sind. Hass, der zu einem Verbrechen führt, nehme ich als ein sehr intensives und gleichzeitig sehr stark verdrängtes Gefühl wahr.

Hass und Liebe gehören zusammen. Stellen Sie sich vor: Sie sind verliebt, und jetzt versuchen Sie dieses Gefühl zu verdrängen. Dies braucht enorm viel Kraft. Vielleicht schaffen Sie es, aber wahrscheinlich nicht ganz. Hass ist ähnlich, es braucht viel Kraft, ihn zu verdrängen, und viele schaffen es nicht ganz. Der Hass bleibt, er wächst eventuell noch, und der Betroffene versucht immer intensiver, dieses Gefühl zu verdrängen. Verdrängte Emotionen fühlen sich generell schlecht an. Irgendwann hält derjenige es nicht mehr aus und sieht als Ausweg – um den Hass nicht mehr zu spüren – nur eines: Er will den Hass auslösenden Menschen verletzen oder beseitigen. Das ist natürlich ein extremes Beispiel. In Berichten über Gewaltverbrechen wird uns vermittelt: Hass ist schlimm, man darf dieses Gefühl nicht haben. Aus meiner Sichtweise ist nicht das Hassgefühl das Problem, sondern der falsche Umgang damit.

Hier möchte ich aber vor allem über den Hass sprechen, den ich im Alltag häufig beobachte. Können Sie sich vorstellen, dass Hass sich genau so angenehm anfühlen kann wie Liebe? Wahrscheinlich nicht. Der Weg zu einem angenehmen Hassgefühl geht dahin, dass Sie sich selbst erlauben, dieses Gefühl zu haben und es zu spüren.

Eine beispielhafte Situation, worin ich Hass häufig beobachte, ist, wenn sich jemand an einer Tischkante seinen Ellbogen anschlägt. In dem Moment spüren die meisten ein starkes »Nicht-Wollen« gegenüber dem Tisch. Dieses Gefühl kennen wir, es fühlt sich nicht unangenehm an. Wir hassen den Tisch – aber er kann ja nichts dafür, wenn wir uns an ihm wehtun. Kleine Kinder sagen sehr schnell, dass sie etwas hassen. Sie meinen damit, dass ihnen etwas nicht gefällt oder dass sie etwas nicht wollen.

Auch mit Hass kann man üben, indem man zum Beispiel einen Tisch oder einen sonstigen Gegenstand mit Hass anstrahlt. Wenn es gelingt, fühlt sich das an wie eine angenehme Wärme, die sich in der Herzregion breitmacht. Viele Menschen denken, es sei schlecht für einen anderen, wenn sie ihn mit Hass anstrahlen. Vom Ego her betrachtet könnte man dies so sehen, aber von der geistigen Perspektive her gibt es weder Gut noch Schlecht, da haben wir die Wahl. Das heißt, wir können wählen, ob es gut oder schlecht sein soll.

Sie können die Hassübung mit einem guten Freund ausprobieren. Setzen Sie sich einander gegenüber und strahlen

Sie sich mit Hass an. Sehen Sie, was passiert. Wenn ich diese Übung in meinen Ausbildungskursen vorgebe, ist das oft ziemlich lustig. Viele Menschen sind enorm erleichtert, endlich einmal hassen zu dürfen. Nach ein wenig Übung wird Hass als eine große Klarheit empfunden.

Das Strahlen mit Hass und Liebe vergleiche ich oft mit dem Steuerrad eines Schiffes. Wir sitzen am Steuer und verfolgen ein Ziel. Wenn wir nur mit Liebe strahlen, können wir das Steuerrad nur nach rechts drehen. Wir erreichen das Ziel, es kann aber sein, dass wir ein paar Extrarunden drehen müssen. Strahlen wir hingegen auch mit Hass, lässt sich das Steuerrad auch nach links drehen. Wir können uns klar auf das Ziel ausrichten und wissen, was wir wollen und was nicht.

Jedes Gefühl ist eine Erscheinungsform des göttlichen Bewusstseins. Ob es gut oder schlecht ist, ob es gute oder schlechte Folgen hat, entscheiden nur wir selbst.

Mit der Eifersucht Grenzen sprengen

Eifersucht ist das einzige der Hauptgefühle, das im Körper an zwei Orten seinen Sitz hat. Weshalb das so ist, kann ich nicht sagen. Ich habe es bis jetzt immer so wahrgenommen. Eifersucht ist nicht der einzige Begriff für dieses Gefühl, auch Neid und Bewunderung gehören zu diesem Bereich, der links und rechts des Bauches zu finden ist.

Eifersucht wird generell als ein »negatives« Gefühl betrachtet, Neid ebenso. Bei Bewunderung teilen sich die Meinungen. Für mich gibt es keine positiven oder negativen Gefühle. Gefühle sind einfach, sie geben uns Auskunft über uns selbst. Eifersucht, Neid und Bewunderung gehören zu den aussagekräftigsten Gefühlen. Ihre Eigenschaften und Nebeneffekte sind sehr breit gefächert, insbesondere weil die drei einen direkten Bezug zum Ego und zum Geist haben und indirekt auch die anderen vier Gefühle beeinflussen.

Eifersucht und Neid darf man nicht haben, glauben viele. Das hängt für mich damit zusammen, dass es häufig auch verpönt ist, ein Ego zu haben und Wünsche, die außerhalb der Norm liegen. Doch Neid und Eifersucht sind Gefühle, die einem Menschen helfen können, sich bewusst zu werden, wo er sich selbst Grenzen auferlegt hat.

Neid, Eifersucht und Bewunderung sind mit dem Wunsch verbunden, etwas zu besitzen. Eifersucht und Neid fühlen sich umso schlimmer an, wenn man erkennt, dass man es – einen Menschen, einen Gegenstand, eine Fähigkeit, Geld, Zeit usw. – nicht bekommen kann. Die gewohnten Glaubensstrukturen – was man denkt, was erlaubt ist und was nicht; was man sich selbst zutraut und was nicht; was man (noch) erreichen möchte und was nicht – sorgen noch zusätzlich dafür, dass sich Eifersucht und Neid sehr schlecht anfühlen können.

Wie ist nun der Bezug zu Geist und Ego? Der Geist träumt und das Ego überlegt sich, wie sich der Traum, etwas zu besitzen, praktisch umsetzen lässt. Wird jedoch das Ego verdrängt – wie im Kapitel über Geist und Ego ausführlich beschrieben –, bleibt es meistens beim Traum. Sehen wir dann jedoch einen Menschen, der »unseren« Traum umsetzte, reagieren wir mit den Gefühlen Trauer, Wut, Eifersucht oder Neid.

Nun haben viele Menschen keine wirklichen Träume mehr, sondern träumen nur von dem, was sie glauben, erreichen zu können. So beschränken sie sich, setzen sich Grenzen. Das hat zur Folge, dass Eifersucht oder Neid verdrängt werden, und dies wiederum löst Trauer aus, weil sie einen wichtigen Teil von ihnen – nämlich Träume und Wünsche zu haben – ablehnen. Kinder haben meistens noch viele Träume, aber häufig werden diese vom Umfeld nicht unterstützt. Sie werden von den Erwachsenen als nicht realistisch angeschaut – wie die Träume während des Schlafes.

Eifersucht, Neid und Bewunderung lassen sich schwer so einheitlich beschreiben wie die anderen Gefühle, weil die Bereiche, auf die sie sich beziehen, so vielfältig sind. Deswegen erkläre ich sie anhand ihrer verschiedensten Eigenschaften und Nebeneffekte.

Neid, Eifersucht, Bewunderung und ihre Eigenschaften

Gefühlsmäßig näher bei sich sein

Eifersucht, Neid und Bewunderung sind sehr nützlich, weil sie den Nebeneffekt haben, dass man sich mehr »bei sich« fühlt, wenn man eines dieser Gefühle verspürt. Häufig berichten mir sehr gefühlsorientierte Menschen, sie würden von den Gefühlen anderer stark mitgerissen. Für solcherart Betroffene ist es wichtig, möglichst schnell wieder zu den eigenen Gefühlen zurückzukommen. Eine Möglichkeit besteht darin, sich in eines dieser drei Gefühle hineinzuversetzen. Wenn man dies macht, ist man sofort wieder bei sich, da diese drei Gefühle – anders als die Hauptgefühle Trauer, Liebe, Glück und Wut – sich mit anderen Menschen nicht teilen lassen. Mehrere Menschen untereinander können zusammen leicht traurig, glücklich oder wütend sein oder auch gemeinsam lieben. Aber bei Eifersucht, Neid und Bewunderung sind die Chancen sehr klein, dass andere um uns herum genau dasselbe empfinden.

Sich erden

Eifersucht, Neid und Bewunderung haben einen weiteren Nebeneffekt: sie zentrieren die anderen Emotionen, sodass man sich besser geerdet fühlt. Hin und wieder kommen Menschen zu mir, bei denen Trauer, Liebe und Wut so verschoben sind, dass sie kaum noch etwas spüren können. Oft sind sie nah an einer schweren Depression. In einem solchen Fall ist es hilfreich, mit Bewunderung, Neid oder Eifersucht zu arbeiten. Wenn eines dieser Gefühle zu Übungszwecken aktiviert und dadurch besser angenommen wird, schieben sich automatisch auch alle anderen Gefühle ein wenig zurück.

Das kann folgendermaßen geschehen: Wenn man beispielsweise Bewunderung aktivieren will, sollte man sich überlegen, was man gern noch besser können möchte. Indem man sich darauf konzentriert, wo die eigenen Bedürfnisse liegen, erhöht dies automatisch die Liebe zu sich selbst, und das fühlt sich gut an.

Wissen, was man will

Beim Treffen von Entscheidungen sind die drei Gefühle auch sehr nützlich. Ein einfaches Beispiel: Ich überlege, ob ich einen Tanzkurs belegen soll oder einen Kurs, um besser Englisch zu lernen. Was würde ich lieber machen, was sollte ich tun? Die Entscheidung fällt mir schwer. Eine Möglichkeit ist nun, an jemanden zu denken, der den Tanzkurs schon besucht hat, und zu schauen, ob die Eifersucht reagiert. Ist das der Fall, bedeutet dies, dass ich das auch möchte. Daraufhin denke ich an jemanden, der die englische Sprache gut beherrscht, und beobachte, wie das Gefühl darauf anspricht. Ob es mehr reagiert oder weniger oder in etwa gleich. Es kann ja auch sein, dass ich beides möchte – was natürlich ebenfalls okay ist.

Es ist jedenfalls sehr hilfreich, sich bei Entscheidungen auf der Handlungsebene von diesen Gefühlen helfen zu lassen. Sie geben Auskunft darüber, was einem persönlich gefällt und was nicht.

Informationen von außen empfangen

Im Kapitel über »Geist und Ego in Bezug auf Information« erklärte ich, wie der Geist »unsichtbare« Informationen aus dem Möglichkeitsraum empfängt. Auch die Bewunderung tut dies – während es die Hauptgefühle Liebe, Glück, Wut und Trauer nicht können. Viele der berühmten Sportler, Sänger oder auch Architekten und andere hatten in ihrer Kindheit Idole, denen sie nachstrebten. Es gibt sogar Berichte über solche Persönlichkeiten, die, während sie an ihr Vorbild dachten, plötzlich eine Art Eingebung hatten, wie sie ihre eigenen Fähigkeiten verbessern konnten. Das meine ich mit dem Übertragen von Information. Es ist eine tolle Sache, die man sich auch bewusst zunutze machen kann.

Ein Idol zu haben, ist etwas für Teenager, denken viele und belächeln andere deswegen. Es kann jedoch auch ein Ansporn sein. Ich denke, dass die Bewusstheit darüber, noch etwas lernen zu wollen, und auch die Wahrnehmung, etwas Gelerntes verbessern zu können, viele Wege dazu öffnet, in einem bestimmten Bereich tatsächlich noch besser zu werden. Man hat ein Ziel, das Ego ist beschäftigt, man strebt nach etwas – das bereitet Glücksgefühle, und es macht Mut.

Überdies hilft es einem, Eifersucht und Neid aus dem sogenannten Negativen herauszuholen. Wenn man schon lange einen Englischkurs besuchen will, dies aber nicht tut, weil man denkt, dass man diese Sprache sowieso nicht lernen kann, gibt einem das kein gutes Gefühl. Betrachtet man aber bewundernd jemanden aus seinem Umfeld, der einen solchen Kurs besuchte und nun die Sprache beherrscht, kommt man diesem Menschen näher. Man kann sich vielleicht sogar Tipps geben lassen. Ist man eifersüchtig oder neidisch – und fühlt sich das schlecht an –, wird man diesem Menschen eher aus dem Weg gehen. Das aber hilft eben nicht dabei, das eigene Ziel zu erreichen. Letztlich ist es auch gut für den Geist, immer wieder neue Dinge lernen zu wollen.

Verbitterung versus zielgerichtetes Verhalten

Weil Eifersucht, Neid und Bewunderung dazu da sind, den emotionalen Schwung zur Verfügung zu stellen, um ein Ziel zu erreichen, und weil sie das Ego auch in der Planung der einzelnen Schritte unterstützen, ist dieses Planmäßige eine typische Eigenschaft der drei Gefühle. Das führt dazu, dass sie natürlich äußerst unangenehm werden können, wenn man sie verdrängt oder denkt, etwas nicht haben zu können.

Bei Verbrechen, die plötzlich passieren, ist häufig Wut präsent. Wut ist sehr explosiv – das Gefühl überlegt nicht. Schmiedet ein Mensch über längere Zeit Pläne, wie er jemandem etwas antun könnte – was häufig als besonders bösartig betrachtet wird –, steckt oft verdrängte Eifersucht oder Neid dahinter.

Verbitterung ist äußert unangenehm für die Betroffenen. Ist jemand verbittert, kann er seinen Traum nicht genügend verdrängen. Er ist absolut überzeugt davon, dass er nicht erreichbar ist. Der Schmerz kann so groß sein, dass der Mensch denjenigen verletzten möchte, der das besitzt, was er denkt, nicht haben zu können. Diese Verbitterung kann sich nach außen richten und zu schweren Verbrechen führen. Sie kann sich auch in Form von Selbstverletzung oder verschiedensten Autoimmunerkrankungen gegen den Betreffenden selbst richten.

Ist die Identifizierung zu groß, leidet das Ego zu stark und wird schließlich verdrängt, kann sich auch Bewunderung für jemanden derart umkehren, dass man diesen Menschen verletzen möchte. Ohne Egokraft verliert man jeglichen Bezug zum realistisch Machbaren. Im geistigen Bereich ist alles möglich. Steht dies in Kombination mit Eifersucht, Bewunderung oder Neid, kann es gefährlich werden. Ich spreche das an dieser Stelle aber nur so oberflächlich an, da die Mechanismen sehr komplex sind.

Generell ist zu raten, jedes Hauptziel, das man sich gesetzt hat, immer wieder in kleine, machbare Schritte aufzuteilen und vielleicht auch mehrere Ziele gleichzeitig zu verfolgen, sodass es immer wieder Erfolgsergebnisse gibt. Dieses Vorgehen ist lernpsychologisch weit verbreitet und wird von vielen Studierenden angewendet. Es lässt sich für fast alles nutzen. Wenn ich zum Beispiel denke, ich muss heute das ganze Haus aufräumen, so wird mich dieser Gedanke blockieren, weil das zu viel ist. Wenn ich mir aber das ganze Haus als entferntes (Haupt-)Ziel vornehme und als erste Zielsetzung nur ein Zimmer ins Auge fasse, wird mir dieses Vorgehen Mut machen. Das Teilziel ist absehbar, und das bringt eher Freude. Wenn also ein Ziel blockierend wirkt, kann man es einfach in kleinere Teilziele zerlegen.

Eifersucht in Bezug auf Menschen

In Partnerschaften taucht häufig Eifersucht auf – begründet und unbegründet. Ob es Grund dafür gibt oder nicht, darauf möchte ich hier nicht eingehen, das ist ein anderes Thema. Eifersucht ist nicht schlecht, sie zeigt, wie sehr man den anderen Menschen liebt. Wird sie zu einem Problem, bieten sich einem verschiedene Möglichkeiten, es zu lösen. Zuerst einmal kann man versuchen, dieses Gefühl anzunehmen, es neutral zu üben, sodass es sich angenehm anfühlt.

Wenn dies nicht genügend wirkt, sollte man sich das Thema Besitzenwollen näher anschauen. Etwas haben zu wollen, ist eine Eigenschaft, die zum Menschsein gehört. Üblicherweise bezieht sie sich auf Gegenstände. Menschen besitzt man nicht so, wie einem ein paar Schuhe gehören. Ich bin schon öfter Leuten begegnet, die das Begehren von materiellen Gegenständen zu wenig ausgelebt haben und als Reaktion darauf ihren »Besitzanspruch« ausschließlich auf Menschen bezogen. Einmal richtig shoppen zu gehen kann hierbei sehr hilfreich sein.

Eine dritte Möglichkeit ist, das Gefühl der Liebe zu üben. Eifersüchtige nehmen sich oft selbst als nicht liebenswürdig genug wahr und fühlen sich in der ständigen Gefahr, der Konkurrenz ausgesetzt bzw. unterlegen zu sein. In diesem Fall zeigt einem die Eifersucht, dass man die Liebe eingegrenzt hat. Viele reagieren nämlich, indem sie sich in der Liebe zum Partner zurücknehmen, was natürlich die Situation erheblich verschlimmert: Die Eifersucht steigert sich und die Grenzen werden noch enger.

Neid in Bezug auf Gegenstände

Auch hier geht es um den Bereich des Begehrens. Diese Art von Neid kommt vielfach vor, wenn Materielles dem Geistigen zu stark untergeordnet wird. Aus vorherigen Kapiteln wissen wir: Materie und Geist haben den gleichen Ursprung.

Schritt eins, dies anzugehen, ist, sich selbst einzugestehen, dass man etwas will. Als zweiten Schritt setzt man sich den Gegenstand, auf den der Neid bezogen ist, als eines der Hauptziele fest. Das Ego sollte sich nun einen kleinen Zwischenschritt ausdenken, wie das Ziel erreicht werden kann.

Doch letztlich ist es nicht einmal wichtig, ob man das Endziel erreicht oder nicht, es kommt vor allem darauf an, es zu versuchen.

Praxisbeispiel zum Gefühl der Eifersucht

Mich besuchte eine Frau mit der Diagnose Erschöpfungsdepression. Nun kommen Menschen mit einer Depression häufig zu mir, aber diese Frau war schon über mehrere Jahre schwer depressiv und erschöpft. Sie spürte nur noch Verzweiflung und tiefe Trauer und war handlungsunfähig. Sie konnte den Haushalt nicht mehr besorgen, war nicht mehr arbeitsfähig, hatte am Morgen große Mühe aufzustehen, und ihre Gedanken kreisten häufig um einen Suizid. Das Einzige, was ihr half, waren Medikamente – in einem derartigen Fall ist es sehr empfehlenswert, sich mit Medikamenten helfen zu lassen.

Wesentlich ist, wie lange sich jemand in einer derart unbefriedigenden Situation befindet. Sind es fünf Jahre, kann eine leichte Depression die Folge sein; nach zehn bis fünfzehn Jahren können sich die Beschwerden zu einer schwereren Depression ausgeweitet haben. Betroffene haben üblicherweise keine sogenannten schlimmen Erfahrungen hinter sich. Da waren also keine Traumatisierungen, keine nahen Verwandten, die verstorben sind, kein äußeres Ereignis, das diesen Zustand hätte erklären können. Deswegen kann es sich als schwierig erweisen, solchen Menschen zu helfen – es liegen einfach keine Ereignisse vor, die man bearbeiten kann. Eine Hilfeleistung ist auch deshalb schwierig, weil die Motivation bei den Betroffenen völlig fehlt.

Die Ursache einer derartigen Depression ist die völlige Abwesenheit des Bedürfnisses, sich selbst Wünsche zu erfüllen. So ein

Mensch gönnt sich nichts, was über den täglichen Bedarf zum Leben hinausgeht. Aus Sicht der Gesellschaft wird dies natürlich nicht als schlecht angesehen, aber es ist eben doch die Abwesenheit von etwas Gutem. Die Person besitzt alles, was sie zum Leben braucht, doch die Situation verschlimmert sich ständig. Sie fühlt sich immer schlechter, weil sie einerseits denkt: »Ich sollte zufrieden sein mit dem, was ich habe«, doch andererseits schafft sie gerade das nicht. Diese Zwiespältigkeit liegt sehr vielen Depressionen zugrunde.

Es gibt immer eine Vorgeschichte, und die beginnt meist sehr früh. Ein Beispiel: Die Eltern möchten gern, dass ihre Tochter erst einmal eine Lehre absolviert, um ein sicheres Einkommen zu haben, bevor sie auf ihre große Reise geht oder sich an der Kunstakademie einschreibt. Oder dass sie gar nicht erst mit dem Singen versucht, etwas zu erreichen, weil die Chancen ja sowieso zu klein sind …

Eine Depression hat immer eine Ursache. Häufig höre ich von Menschen, die zu mir kommen: »Ich mache schon lange einen Job, der mir nicht gefällt. Ich bin depressiv. Was kann ich tun, um mich besser zu fühlen, ohne den Job zu wechseln?« Oft werden auch andere Gründe als die Arbeit genannt. Nun ist es völlig normal, dass man traurig wird, wenn man hauptsächlich Dinge macht, die man nicht will. Einen bestimmten Anteil an Pflichten haben wir natürlich alle, doch darum geht es hier nicht. Diese Menschen machen zu hundert Prozent Dinge, die ihnen nicht gefallen.

Bei der erwähnten Frau war dies genau so. Sie hatte eigentlich Sprachen studieren wollen und wäre gern als Au-pair nach Frankreich gegangen. Sie hatte diese Sehnsucht nach etwas Außergewöhnlichem in sich. Aus Sicherheitsgründen absolvierte sie aber eine Lehre bei einem Optiker. Danach heiratete sie, bekam Kinder und gab die Aussicht, dass jemals einer ihrer Wünsche in Erfüllung gehe, auf – und damit auch sich selbst.

Jetzt ist es nicht so, dass solche Wünsche einfach verschwinden; sie werden aber verdrängt – mit großem Kraftaufwand. Und damit beginnt eine fatale Entwicklung: Wenn man Wünsche verdrängt, muss man den eigenen Geist, der am liebsten träumt, begrenzen, da es sonst zu schmerzhaft wird. Wird der Geist eingeschränkt – er ist dadurch auch weniger leistungsfähig –, wird die Kreativität mit begrenzt. Ebenso muss das Ego verdrängt werden, da diese Instanz auch dazu da ist, die Träume umzusetzen und die Handlungsebene in diese Richtung zu steuern. So wird das eigene Handeln mit der Zeit völlig blockiert. Die Gefühle reagieren mit Trauer und Wut. Nach einer gewissen Zeit weiß man nicht einmal mehr, wieso man sich so schlecht fühlt, weil Träume und Wünsche völlig weggedrängt wurden. Schließlich denkt man, dass man krank ist.

Bei solchen Menschen kann ich meistens in den ersten Sitzungen noch nicht mit den Gefühlen Trauer oder Wut arbeiten. Die Abwehrmechanismen schützen sie vor dem großen Schmerz. Die Gefühle sind so stark verdrängt und/oder verschoben, dass Trauer und Wut erst nach mehreren Sitzungen ein Thema werden. Diese beiden Emotionen sind in einem derartigen Fall auch erst die letzte Folge eines sehr langen Prozesses. Ebenso sind die Strahlen der Liebe völlig zurückgezogen, sodass ich auch über dieses Gefühl nichts ausrichten kann. Desgleichen beim Glück, es ist bei der betroffenen Person nichts mehr vorhanden, was dieses Gefühl aktivieren könnte. Auch das neutrale Üben ist nicht möglich, weil dies Trauer und Wut noch weiter verstärken würde. Der Betroffene steht innerlich enorm unter Druck, weil er alle seine Kräfte braucht, das Ego, den Geist und die Gefühle zu unterdrücken. Das erklärt auch die tiefe innere Erschöpfung, da alle Energiequellen verdrängt werden. Dazu benötigt er so viel Kraft, dass nichts mehr davon übrig bleibt und er nur noch Müdigkeit empfinden kann.

Das einzige Gefühl, mit dem sich in einem solchen Fall arbeiten lässt, ist die Eifersucht. Sie erhöht als Nebeneffekt die Selbstliebe. So versuche ich in einem ersten Schritt, den Selbstwert dieses Menschen etwas zu erhöhen. Über das Eifersuchtsgefühl ist das indirekt möglich, indem man gängige Wertvorstellungen, die im Gedächtnis als Assoziationen gespeichert sind, ausprobiert.
Hin und wieder werden sogar Menschen mit einer sehr schweren Depression von ihren Bekannten zu mir gebracht. Sie sind kraftlos und müde und denken, ihnen könne niemand mehr helfen. Häufig leben sie phasenweise in einer Klinik. Mit der Zeit merkte ich, dass ich zu Beginn nie auf die tatsächliche Problematik eingehen kann, weil die Menschen so müde sind. Meist haben sie diesbezüglich schon einiges versucht, ohne jeglichen Erfolg, sodass bei ihnen ein Gefühl der totalen Sinnlosigkeit herrscht. Daher empfiehlt es sich zuerst, den Geist und das Gefühl der Liebe etwas zu aktivieren. Beides ist zwar nicht auf direktem Wege möglich, weil die Abwehrmechanismen das verhindern. Aber über die Gefühle Eifersucht, Bewunderung und Neid lässt sich das indirekt bewerkstelligen.
Dazu kann man in die Kindheit zurückgehen oder auch nur auf der theoretischen Ebene bleiben. Wählt man die Kindheit, geht es darum, eine Begebenheit zu finden, bei der damals Eifersucht oder Neid aktiv wurden. Ich frage diese Menschen beispielsweise, was sie als Kind gern zu Weihnachten bekommen hätten. Manchmal kommt damit auch Trauer hoch, etwa, wenn sie das Gewünschte damals nicht bekamen. Je nach Art der Kindheitserfahrungen sollte man das berücksichtigen.
Wenn die betroffene Person schon als Kind unter zehn Jahren ihre Wünsche nicht erfüllt bekommen hatte, ist es besser, zur theoretischen Ebene zu wechseln, die ich anschließend beschreiben werde. Wurden jedoch die Wünsche hin und wieder erfüllt, kann man gut darüber reden und so diese alten Gefühle aktivie-

ren. Daraufhin können behutsam die späteren Wünsche angesprochen und damit der ganze Prozess der tiefen Enttäuschung seit seinen Anfängen bearbeitet werden.

Es braucht manchmal viele Gespräche, es geht darum, die Menschen zu diesem Gefühl zurückzubringen. Sie müssen sich daran erinnern, dass sie vor langer Zeit einmal etwas gewollt haben. Ziel ist, dieses Gefühl auch im Jetzt wieder herzustellen. Das ist auch wichtig, um sich wieder besser fühlen zu können. Meistens fehlt dies nämlich, sie wissen zwar, dass es diese Gefühle mal gab, aber sie können es nicht mehr spüren und häufig auch nicht mehr glauben.

Die zweite Möglichkeit – nämlich sich auf die theoretische Ebene zu begeben – ist wie gesagt für Menschen, die schon in frühester Kindheit keine Wünsche erfüllt bekamen. Dies ist etwas schwieriger, weil man anfänglich keine Anhaltspunkte hat. Zuerst sollte man herausfinden, wovon der Betroffene früher geträumt hat. Ich greife da meist auf einfache Stereotypen zurück: Bei den Mädchen kann das eine Prinzessin, bei den Jungen ein Held sein. Auf heute bezogen könnte man jetzt fragen, wie es denn wäre, in einem großen Schloss zu leben. Hierbei spricht man ebenso die geistige Ebene an. Denn wenn man so etwas gefragt wird, stellt der Geist sich das sofort vor, aber die Abwehrmechanismen werden nicht aktiv, weil es eine hypothetische Ebene ist.

Danach geht es darum, diese »Fantasien« etwas detaillierter zu besprechen. Auf das Schlossbeispiel bezogen könnten die Fragen in die Richtung gehen, wie man sich das Gebäude denn genau vorstellt, wie viele Räume es besitzen soll und welche Art von Garten, wo es stehen soll, am Meer oder in den Bergen. Die meisten kleinen Kinder haben solches oder ähnliches einst gewollt, vielleicht nur für eine sehr kurze Zeit, aber das reicht bereits. Die Idee ist, über diesen Umweg das Gefühl, »etwas besitzen zu wollen«, wieder ins Jetzt zurückzubringen. Bei Männern ist die Heldenthematik ideal. Man kann fragen, wen sie bewundern, was sie in einer bestimmten Situation an seiner Stelle machen würden usw.

Diese etwas ungewöhnliche Vorgehensweise ist eine Anregung, und die Beispiele, die ich nannte, sind nur einige von vielen Möglichkeiten. Ich benutze diese Methode nur bei Menschen, bei denen nichts anderes mehr anspricht; wenn die neutralen Gefühlsübungen nicht funktionieren, bei Menschen, die nichts mehr wollen und den Sinn im Leben nicht mehr sehen.

→ *Übungen mit den Gefühlen Eifersucht, Neid und Bewunderung*

Eifersucht, Neid und Bewunderung neutral zu üben, ist etwas schwieriger als bei den anderen Gefühlen, da ein minimaler Bezug notwendig ist, um sie zu aktivieren. Falls es für Sie sehr schwierig ist, Eifersucht und Neid zuzulassen, können Sie auch nur mit dem Gefühl der Bewunderung üben.

Für das neutrale Üben mit der Bewunderung sollten Sie zuerst etwas wählen, das Sie gern besser beherrschen würden. Es sollte nicht das Wichtigste sein, eher etwas kleines, zum Beispiel, besser Briefe zu schreiben, (eine bestimmte Speise) besser zu kochen, besser Fußball zu spielen oder besser die Steuererklärung ausfüllen zu können. Einfach etwas, was Sie nicht hauptberuflich ausüben. Dann denken Sie an eine Person, von der Sie wissen, dass sie das Gewählte besser kann. Bewundern Sie diese Person in Gedanken bewusst dafür.

Da Eifersucht, Neid und Bewunderung die einzigen Gefühle sind, über die auch Informationen empfangen werden können, können

Sie beim neutralen Üben auch darauf achten, was Sie empfangen – und dies dann gleich ausprobieren. Viele bekommen in diesem Moment ohnehin richtig Lust, es zu versuchen.
Um Eifersucht auf Personen bezogen neutral zu üben, empfehle ich, sich dafür einen Stellvertreter zu suchen. Ideal sind die Illustrierten mit Geschichten über Promis. Da ist sehr oft irgendjemand eifersüchtig auf jemand anderes. Haben Sie eine Person gewählt, versuchen Sie sich bewusst in sie einzufühlen. Sie können Eifersucht auch neutral üben, indem Sie sich im Fernsehen einen Film anschauen, bei dem dieses Gefühl ein Thema ist, und dabei bewusst mit den Schauspielern mitfühlen.
Auch Neid lässt sich neutral üben. Dazu denken Sie an einen Gegenstand, den Sie gern hätten – aber es soll auch hier wieder nicht das Allerwichtigste sein. Denken Sie nun bewusst an eine bestimmte Person – die Sie aber nicht persönlich kennen –, die diesen Gegenstand besitzt. ↑

Angst

Der innere Bodyguard

Was es heißt, Angst zu haben, wissen wir alle. Doch Angst ist nicht gleich Angst. Es ist ein komplexes Phänomen bei uns Menschen. Ihr Ursprung ist nicht immer leicht zu ergründen, meist deshalb, weil sich die Arten, in denen sie sich zeigt, sehr ähnlich sind.

Viele meinen, Angst sei etwas Negatives und der Idealzustand wäre ein angstloses Dasein. Doch Angst gehört zu unserem Leben wie anderes auch. Sie ist für mich etwas ganz Natürliches. Angst ist vergleichbar mit einem Beschützer, einem inneren Bodyguard. Einfach gesagt: Angst sorgt dafür, dass wir am Leben bleiben – möglichst physisch unverletzt.

Ich weiß nicht, ob mein Ansatz mit dem übereinstimmt, was Biologen sagen, oder ob es andere Naturwissenschaftler auch so sehen. Das entscheidende Kriterium für mich ist, möglichst viele praktische Hilfen anbieten zu können. So sind meine Erklärungen auch bewusst einfach dargestellt.

Ich sehe es so: Was wir als Menschen tun müssen, um zu überleben, hat sich über die Zeiten hinweg, seit wir existieren, stark verändert. In Urzeiten waren die wilden Tiere und das Klima die größten Gefahren. Das ist über eine sehr lange Zeitspanne so gewesen. Von daher stammt der – nach meiner Gruppierung – erste Angsttyp. Ich nenne ihn »Angst aus der

Steinzeit«. Diese Angst ist meiner Ansicht nach wie in uns einprogrammiert. Wir müssen nicht lernen, uns vor Kälte zu schützen, wir werden automatisch versuchen, uns zu erwärmen. Diesen ersten Typ der Angst sehe ich als festen Teil in jedem Menschen. Häufig wird diese Angst auch als jene, die vom »Reptilienhirn« kommt, einem der ältesten Teile unseres Gehirns, bezeichnet.

Der zweite Angsttyp ist für mich die Zusammenfassung all dessen, was die Zeit danach brachte. Während der Entwicklung der Menschheit bis zur modernen Zivilisation sind immer neue Gefahren hinzugekommen. Diese sind im Gegensatz zu den Gründen für den ersten Angsttyp nicht in uns einprogrammiert. Das bedeutet, mit dieser Angst lässt sich »reden«, und sie ist lernfähig. Aber wie kooperativ sie sein kann, variiert stark. Ich nenne sie einfach »die zweite, bekannte Angst«.

Wenn jemand beispielsweise unter Flugangst leidet, so handelt es sich dabei um diese zweite Art der Angst, da es in der Steinzeit noch keine Flugzeuge gab. Es kann jedoch sein, dass bei einer solchen Person, wenn sie im Flugzeug sitzt, auch die Steinzeit-Angst reagiert. Denn in der Steinzeit wäre es ja lebensgefährlich gewesen, sich in der Luft zu befinden. Dies bedeutete mit Sicherheit Absturz und Tod. Einige Menschen können die Angst bewältigen, andere nicht. Bei einigen wird sie nach einer gewissen Anzahl von Flügen besser, bei anderen verschlimmert sie sich. An diesem Beispiel wird gut ersichtlich, wie die beiden Angsttypen sich unterscheiden, und ebenso, dass beide zusammen auftreten können, nacheinander und auch einzeln.

Zu Beginn dieses Kapitels wird die Angst aus der Steinzeit klar definiert. Übungen ergänzen dabei den theoretischen Teil. Sie können helfen, die Ursache von Problemen, die aus dem Reptilienhirn resultieren, relativ einfach zu beheben. Danach beschreibe ich die Angst, die nicht zur Steinzeit gehört. Diese zweite Art ist nicht im gleichen Sinne klar definiert, doch ich gehe davon aus, dass Sie sich trotzdem zurechtfinden. Im anschließenden Teil widme ich mich verschiedenen Formen der Angst im Zusammenhang mit einigen Praxisbeispielen. So lässt sich besser verstehen, wie sich der zweite Angsttyp auswirkt und wie wir ihm wirksam begegnen können.

In unserer heutigen Welt existieren noch alle Zeiten. Damit meine ich, dass es auch im 21. Jahrhundert Menschen gibt, die so leben wie unsere Vorfahren. Menschen, die noch sehr auf die erste Angst angewiesen sind, weil sie nicht genug zu essen haben oder sich nur ungenügend vor Wärme und Kälte schützen können. Und solche Menschen sind manchmal gar nicht so weit weg von uns …

So wie wir in einer sehr verschiedenartigen Außenwelt leben, so unterschiedlich ist auch unsere Innenwelt – mit sehr alten und sehr neuen Anteilen. Wenn wir nun in unserem Inneren zwischen den unterschiedlichen Anteilen eine Brücke schlagen, eine Freundschaft aufbauen, kommt das – so hoffe ich – wiederum der äußeren Welt zugute, indem sich vielleicht auch dort die Kluft zwischen den unterschiedlichen Lebensbedingungen verkleinert.

Manche stellen die Angst der Liebe gegenüber. Ich bin nicht der Meinung, dass die zwei sich ausschließen. Mein Vorschlag ist, die Angst zu lieben, weil sie Tag und Nacht auf uns aufpasst. Ab und zu übertreibt sie ein bisschen, aber meistens deshalb, weil sie mit dem 21. Jahrhundert so ihre Mühe hat.

Die Angst aus der Steinzeit

Das Reptilienhirn und seine Phänomene

Wie bereits erwähnt, wird die Angst aus der Steinzeit mit dem Reptilienhirn in Verbindung gebracht. Dieser Begriff ist aus der Gehirnforschung bekannt. Das Reptilienhirn ist einer der ältesten Teile unseres Gehirns und steuert unter anderem das vegetative Nervensystem. In der Literatur werden auch andere Begriffe verwendet, ich bevorzuge jedoch den Ausdruck Reptilienhirn, weil er am deutlichsten erklärt, worum es geht.

Meine Beschreibungen des Reptilienhirns und der Phänomene, die meiner Ansicht nach von diesem Gehirnteil kommen und denen ich in diesem Zusammenhang häufig begegne, basieren auf meiner Wahrnehmung bei Klienten. Ich erwähne dies deshalb immer wieder, da das Reptilienhirn von vielen Autoren unterschiedlich beschrieben wird. Ich habe verschiedene Bücher darüber gelesen – teilweise decken sie sich mit meinen Wahrnehmungen, teilweise weichen sie ab. Es ist jedenfalls von großer Bedeutung, das Reptilienhirn als etwas völlig Separates zu betrachten.

Die Übungen, die ich weiter unten vorschlage, resultieren aus »Gesprächen« mit meiner Angst (was damit gemeint ist, erläutere ich im Teil über die zweite, bekannte Angst), die mir über das Reptilienhirn vieles erklärten. Es gibt in der Literatur weitere Ansätze, doch ich suche jeweils möglichst einfache Wege. Wege, die für alle Menschen anwendbar sind und sich in der Praxis bewährten.

In meiner Arbeit unterscheide ich zwischen drei verschiedenen Ebenen: obere, mittlere und untere. Wichtig ist festzuhalten, dass das Reptilienhirn die Ebenen über ihm beeinflusst und nicht umgekehrt.

Die drei Ebenen und ihre Charakteristik

Die obere Ebene

Ich bezeichne sie als den Beobachter, da sie für mich das Bewusstsein selbst ist. Eine Definition ist nicht leicht: Es ist einfach das, was übrig bleibt, wenn alles andere weg ist. Oder anders: Sie hat keinen spezifischen Inhalt, sondern ist eher alles. Manche nennen dies auch das »Nichts«, das gleichzeitig »Alles« ist. Diese Beschreibung ist passend, wenn man sich diese Ebene vorstellen möchte.

Die mittlere Ebene

Hierzu gehört alles, was man spürt, denkt und sieht. Diese Ebene beinhaltet das, was wir erleben, wie wir es erleben, die emotionalen Reaktionen, zudem alle geistigen Übungen und sonstigen Tätigkeiten und ebenso, wie wir arbeiten, Beziehungen pflegen usw.

Die untere Ebene

Dies ist das Reptilienhirn – die biologische Grundlage, die dafür sorgt, dass wir unseren Körper am Leben erhalten. Das müssen wir nicht lernen. Jedes Lebewesen weiß von allein, was sein Körper braucht. Es sind all diese Dinge, die wir machen, ohne dass wir darüber nachdenken: Wenn wir frieren, suchen wir Wärme; wenn wir unsere Hand zu nah ans Feuer bringen und es heiß wird, ziehen wir sie unverzüglich weg … Das ist zu vergleichen mit eingebauten Programmen, die schneller ablaufen als das Denken und auf die wir mit unserem Denken keinen Einfluss haben.

Im Alltag wirken die drei Ebenen zusammen. Dies lässt sich in einem Beispiel etwa folgendermaßen beschreiben: Stellen Sie sich vor, Sie sind draußen in der Natur. Es gibt Berge und das Meer, und Sie haben ein Fernglas. Das Reptilienhirn sorgt dafür, dass Sie überhaupt am Leben sind und das Fernglas in der Hand halten können.

Wenn Sie durch das Fernglas schauen, reagieren Sie auf das, was Sie erblicken, mit Ebene zwei: mit Gefühlen und Gedanken. Dabei fühlen Sie sich vielleicht etwas müde oder aber erfrischt. Alles, was Sie spüren und denken – vielleicht »sehen« Sie sogar einige Naturwesen –, gehört zur zweiten oder mittleren Ebene.

Die obere Ebene entscheidet nun darüber, auf welches Objekt Sie das Fernglas richten. Schauen Sie sich damit das Meer oder die Berge an – es ist eine Wahl, die Sie treffen. Es bestimmt die Richtung, in die Sie schauen.

Die Funktionsweise des Reptilienhirns

Das Reptilienhirn hat den biologischen Vorrang über die anderen Ebenen. Wenn mit ihm etwas nicht in Ordnung ist, beeinträchtigt und reduziert das die anderen Ebenen. Die große Problematik dabei ist, dass die mittlere Ebene dies nicht bemerkt. Man spürt einfach, dass etwas nicht stimmt, und beginnt nach der Ursache zu suchen – auf der zweiten Ebene, wo es aber keine Ursache gibt. Und weil die mittlere Ebene fast keinen Einfluss auf das Reptilienhirn ausübt, hat alles, was wir denken, auch keinen Einfluss darauf. Das Reptilienhirn ist nicht mit unseren Augen verbunden. Es sieht daher nicht, was wir im Außen sehen. Es sieht anders, und es sieht unsere inneren Bilder.

Um zu verstehen, wie das Reptilienhirn funktioniert, stellt man sich am besten ein Steinzeit-Szenario vor. Seine Funktionsweise ist nämlich noch genau die gleiche wie zur damaligen Zeit. Es existiert kein Konzept, das auf unser heutiges Leben bezogen ist, weil es für das Reptilienhirn keine Rolle spielt, wie wir leben – ihm geht es lediglich darum, dass wir leben. Nur danach richtet es sich aus.

Technisch ausgedrückt verfügt das Reptilienhirn über mehrere Programme, die nicht nach Priorität eingestuft werden können, sie sind als nebeneinander stehend zu betrachten (mehr dazu weiter unten).

Zuerst beschäftigen wir uns mit der Frage: Was benötigen wir, um unseren Körper am Leben zu erhalten? Das sind zwei Dinge: Wir brauchen *Sicherheit* und sind auf *Nahrung* angewiesen.

Sicherheit

Wir brauchen Sicherheit, um uns (in der Steinzeit) beispielsweise vor wilden Tieren schützen zu können. Was benötigen wir, wenn etwa ein Rudel Wölfe angreift? Allein sind wir chancenlos. Also einen Partner? Schon besser, aber immer noch äußerst gefährlich. Also müssen es mehr sein. Wie viele Menschen benötigen wir, um einen solchen Angriff einigermaßen sicher überleben zu können? Ich schätze so um die zwanzig.

Dabei ist es wichtig zu wissen, dass es nur um die Anzahl geht, nicht um die Beziehung, die wir zu diesen Menschen haben. Die Beziehungsebene ist die mittlere Ebene. Wie schon gesagt, das Reptilienhirn sorgt dafür, dass wir unser Überleben sichern. Erst wenn dies gewährleistet ist, können wir uns um Beziehungen und Gefühle wie etwa Liebe kümmern.

Das Reptilienhirn hat nichts mit dem Gefühl der Liebe zu tun. Dies ist sehr bedeutend, denn viele Menschen suchen nach diesem Gefühl von Sicherheit und Geborgenheit, das häufig auch Grundvertrauen genannt wird. Viele denken beispielsweise, wenn man von den Eltern nicht genügend Liebe erhalten habe, könne man dieses Grundvertrauen nicht bekommen. Das eine hat jedoch mit dem anderen nichts zu tun. Man kann das Grundvertrauen haben, unabhängig von der Liebe, die einem zuteil wurde oder wird.

Um unsere Sicherheit zu gewährleisten, sollten wir also eine Gruppe von etwa zwanzig Menschen um uns haben. Weiter ist von Belang, dass diese Menschen stark genug sind, die Wölfe abzuwehren. Mit zwanzig Kindern ginge das nicht. Was es braucht, ist vor allem körperliche Stärke – und daher spielen Alter und Geschlecht eine Rolle, das Reptilienhirn macht hier keine Gleichstellung. So kämen im besten Fall Männer infrage, die nicht älter als dreißig Jahre sind, das ist ideal.

Bleiben wir für die folgenden Gedanken weiterhin beim Steinzeit-Szenario. Was wir ebenfalls noch zum Überleben benötigen, ist ein Schutz vor Wettereinflüssen. Wir brauchen einen sicheren Ort, an dem wir uns vor Kälte, Hitze und anderen klimatisch ungünstigen Verhältnissen schützen können: eine Höhle. Für unsere Sicherheit benötigen wir also mindestens zwanzig starke Menschen und eine Höhle.

Nahrung

Nahrung ist mindestens so wichtig wie Sicherheit, bedarf aber keiner weiteren Erklärung. Wichtig ist einfach, dass genug für alle davon da ist, und am besten immer für mehrere Tage im Voraus.

Wenn das Reptilienhirn weiß, dass diese beiden Grundbedürfnisse erfüllt sind, bekommen wir ein gutes inneres Gefühl. Wir fühlen uns wohl, geborgen und sicher. Auf den Ebenen zwei und drei können wir dann machen, was uns gefällt – wir haben alle unsere Ressourcen zur Verfügung.

Doch was geschieht, wenn das Reptilienhirn erkennt, dass diese Grundbedürfnisse nicht erfüllt sind? Wir werden innerlich getrieben, zuerst diesen Bedürfnissen nachzugehen. Dafür bietet uns das Reptilienhirn zwei Programme an: *Flucht* oder *Erstarren.* Bevor ich näher darauf eingehe, hier vorab eine Beschreibung, wie ich dies im Körper wahrnehme und was ich mit guten und schlechten Gefühlen meine.

»Gute« oder »schlechte« Gefühle

Für das Reptilienhirn habe ich eine eigene bildliche Darstellung entwickelt, um es von allen anderen Dingen gut unterscheiden zu können. Es sieht in Wirklichkeit natürlich nicht so aus, es ist lediglich meine Art, es so zu »sehen«. Diese Darstellung kann jedoch vielen helfen, es auch wahrnehmen zu können.

So wie ich also das Reptilienhirn »sehe«, ist es vergleichbar mit zwei Wasserleitungen, eine für warmes und eine für kaltes Wasser. Diese zwei Leitungen nehme ich im Oberkörper nebeneinander wahr. Die eine steht für die guten Gefühle, die andere für die schlechten. Das Reptilienhirn ist immer aktiv. Es schüttet Stoffe aus, die für das entsprechende Gefühl sorgen. So ergibt sich eine Mischung aus Gut und Schlecht. Dies kann man in etwa als Okay-Grundgefühl bezeichnen. Man fühlt sich nicht schlecht, aber eben auch nicht sehr gut. Man funktioniert zwar normal, es wird aber schwieriger, wenn Hochleistungen gefragt sind. Man ist innerlich vorsichtiger.

Ich möchte an dieser Stelle nochmals verdeutlichen, dass ich das hier erwähnte Gefühl nicht zu den Hauptemotionen wie zum Beispiel Trauer, Liebe oder Glück zähle. Dieses Gefühl hier ist ein Grundgefühl. Es ist etwas, das alle Menschen kennen, jedoch unterschiedlich beschreiben. Zur Verdeutlichung zwei Beispiele: Wenn wir Hunger verspüren und dann unser Lieblingsessen serviert bekommen, gibt uns das ein sehr gutes Gefühl, wenn wir es gegessen haben. Wir fühlen uns innerlich wohl. Oder wenn wir mehrere Stunden in der Kälte verbringen und frieren und danach in einen warmen Raum treten, fühlen wir uns gut. Dies meine ich mit dem Grundgefühl, es ist zu unterscheiden vom Glücksgefühl.

Beide können natürlich zusammen auftreten, aber es ist wichtig, sie auseinanderzuhalten. Betrachten wir, um dies zu präzisieren, nochmals das Beispiel der Kälte: Wir verbringen also mehrere Stunden frierend draußen. Jetzt kommt jemand und überbringt uns eine gute Nachricht. Nun macht uns das glücklich, innerlich aber bleibt das schlechte Gefühl, weil wir immer noch frieren.

Das Gefühl, das uns das Reptilienhirn vermittelt, ist wie ein tiefes inneres Gefühl, von dem wir getragen werden. Das Reptilienhirn beeinflusst in dem Sinne indirekt die anderen Gefühle. Wenn man sehr traurig ist, aber getragen von einem guten innerlichen Grundgefühl, ist es einfacher, mit der Trauer umzugehen, als wenn das Grundgefühl schlecht ist.

Die Programme zur Erfüllung der Grundbedürfnisse

Wenn das Reptilienhirn annimmt, dass die Grundbedürfnisse nicht erfüllt sind, tritt eines der erwähnten Programme in Aktion, die uns dazu antreiben, unsere Bedürfnisse zu erfüllen. Klar, nun kann man sagen, dass in unserer Gesellschaft bei allen die Grundbedürfnisse erfüllt sind, wir leben ja schließlich nicht mehr in der Steinzeit. Doch dies wird vom Reptilienhirn nicht so wahrgenommen, weil es nicht sieht, was wir sehen, und auch unsere Gedanken nicht hört.

Ob nun das Flucht- oder Erstarrungsprogramm aktiviert wird, können wir nicht willentlich entscheiden. Aus meinen Beobachtungen weiß ich, dass dies vom körperlichen Zustand und vom Alter abhängt, und ebenso von der tatsächlichen Gefahrensituation – wenn es die denn gibt, weil meistens eben keine wirklichen Gefahren vorhanden sind.

Man kann diese Programme mit einer Maschine vergleichen. Wird der Knopf gedrückt, läuft sie. Wieso der Knopf gedrückt wird, ist dabei unwesentlich. Das Reptilienhirn speichert die Auslöser nicht ab, es reagiert nur darauf. Das ist für die Therapie und auch für das eigene Wohlgefühl wichtig zu wissen, denn so ist klar, dass man auf dieser Ebene nicht nach den Ursachen suchen muss. Bei Traumata ist der Auslöser allenfalls im Gedächtnis abgespeichert und so kann auf der zweiten Ebene damit gearbeitet werden. Die Verarbeitung von Traumata auf der zweiten Ebene nützt aber oft deswegen nicht viel, weil das Reptilienhirn weiterhin schlechte Gefühle vermittelt.

Wie merkt man nun, ob eines der beiden Programme aktiv ist? Dafür gibt es eine Reihe von Anzeichen und Symptomen. Nachfolgend eine Auflistung der häufigsten:

Flucht

- Man fühlt sich nicht wohl an dem Ort, an dem man sich befindet. Man hat das Gefühl, weggehen zu müssen, weiß aber nicht wohin. Das Reptilienhirn kennt kein »wohin«, es treibt einfach dazu an, vom gegenwärtigen Ort wegzugehen.
- Man fühlt sich gestresst und kann sich nur schwer entspannen. Sport zu treiben hilft häufig, aber danach fühlt man sich relativ schnell wieder wie zuvor.
- Man hat Mühe mit dem Schlafen. Eventuell kann man zwar schlafen, braucht aber längere Zeit zum Einschlafen. Der Tiefschlaf scheint einem zu fehlen. Unter Umständen ist man am Morgen nicht wirklich erholt. Man wacht mitten in der Nacht auf – bei Geräuschen oder auch ohne erkennbaren Grund. Eine erhöhte Lärmempfindlichkeit ist ein sehr typisches Zeichen dafür, dass das Reptilienhirn in Alarmbereitschaft ist.
- Es wird oft nicht eine tatsächliche Angst, sondern eher Stress, innere Spannung oder tiefe Unzufriedenheit wahrgenommen.
- Die geistigen Fähigkeiten sind reduziert.
- Die Kreativität ist eingeschränkt.
- Die Gedächtnisleistung ist herabgesetzt.
- Probleme werden verstärkt wahrgenommen (»Tunnelblick«), die Probleme wirken größer als sonst.

- Die Verdauung leidet, es kann zu Verstopfung oder auch Durchfall kommen.
- Man ist sprunghaft oder erschrickt viel schneller als sonst.
- Man ist überaktiv oder reagiert mit ADS, der Aufmerksamkeitsdefizitstörung.
- Man ist nervös und hat das Gefühl, zu viel Energie zu haben.

Erstarrung

- Es braucht eine große Willensanstrengung, die alltäglichen Tätigkeiten zu erledigen.
- Man muss sich überwinden, aus dem Haus zu gehen.
- Man fühlt sich innerlich wie gelähmt.
- Die sozialen Verpflichtungen können nur sehr mühsam erfüllt werden.
- Man fühlt sich gleichsam depressiv, aber man kann es sich nicht erklären, wieso man sich so blockiert fühlt.
- Man schafft es nicht, Veränderungen in die Wege zu leiten.
- Es fehlt der Antrieb.
- Man fühlt keine Lebensfreude.
- Man weiß nicht mehr, was man eigentlich will. Häufig möchte man am Morgen nicht aufstehen und unter der Decke liegen bleiben.
- Jegliche Veränderungen wie Stellenwechsel, Umzug usw. fallen – auch wenn man es will – sehr schwer, man kann sich irgendwie kaum dazu bringen, die anstehenden Dinge anzupacken.

Die beiden Listen enthalten die typischen Symptome. Sie müssen nicht alle zusammen auftreten, und sie können sich stark oder weniger stark abwechseln. Zudem können sich auch Flucht und Erstarrung abwechseln. Die Symptome können auftauchen und wieder verschwinden, und das ohne einen sichtbaren äußeren Zusammenhang.

Sehr häufig sieht es so aus, als habe man eine Depression. Von etwa zehn Menschen, die mich wegen einer solchen Erkrankung aufsuchen, sind die Symptome bei dreien auf das Reptilienhirn zurückzuführen und nicht auf emotionale oder sonstige Ursachen. Oft wurde eine Therapie begonnen, jedoch ohne Erfolg, da Sprache keinen Effekt herbeiführt. Auch Medikamente wirken in diesem Fall praktisch nicht. Die Betroffenen schildern in solchen Fällen häufig, dass sie selbst keine Ahnung haben, wieso sie sich so gelähmt fühlen, wieso sie keinen Antrieb und keine Lebensfreude mehr haben und weder Gefühle von Geborgenheit noch von Sicherheit verspüren. Sie erleben eine innere Leere und fühlen sich schlichtweg schlecht. Übrigens kann der Grund für die Hyperaktivität einiger Kinder auch im Reptilienhirn liegen.

Eines der größten Probleme bei all dem ist, dass man wohl spürt, dass etwas nicht in Ordnung ist. Aber weil viele Menschen wenig bis nichts über das Reptilienhirn wissen, verstehen sie auch nicht, wieso sie sich so schlecht fühlen. So beginnen sie, nach Gründen zu suchen, die es auf den untersuchten Ebenen nicht gibt. Viele forschen im Umfeld und glauben, es sei die Arbeit, die nicht stimmt, oder die Beziehung. Andere fühlen sich nicht wohl in ihrer Wohnung oder suchen einen Grund in der Vergangenheit. Typisch ist, dass Gespräche, Nachdenken oder auch sonstige diesbezügliche Bemühungen nicht helfen. Letztlich nimmt das Vertrauen in sich selbst ab. Man versteht nicht, wieso man das nicht in den Griff bekommt. Aus dieser Problematik heraus kann sich als Folge auch tatsächlich eine Depression entwickeln.

Wie erwähnt ist das Reptilienhirn nicht mit unseren Augen verbunden, es sieht also nicht, was wir sehen, und es hört ebenso wenig, was wir denken. Es reagiert nicht auf Sprache, deswegen kann man sich selbst zureden, so viel man will, es bleibt nutzlos. Darum bleibt auch eine auf Gesprächen basierte Therapie ohne Wirkung.

Auslöser für die Alarmbereitschaft des Reptilienhirns

Was aber ist es denn nun, das unser Reptilienhirn in Alarmbereitschaft versetzt und damit eines der Programme aktiviert? Dazu betrachten wir in einigen Beispielen die drei wichtigsten Lebensbereiche Körper, Beziehungen und Beruf. Hierbei sollten wir uns möglichst wieder in die Steinzeit hineinversetzen, um ein besseres Verständnis aufzubringen.

Vorab zwei Bemerkungen: Das Reptilienhirn muss nicht zwingend auf die nachfolgend genannten Auslöser reagieren. Das hängt wesentlich davon ab, welcher Art die inneren Bilder eines Menschen sind – das ist bei jedem unterschiedlich. Und: Bei vielen Problemen reagiert die mittlere Ebene natürlich auch. Es ist deshalb von Bedeutung, diese Ebenen getrennt voneinander zu betrachten.

Körper

Alles, was unsere Bewegungsfreiheit in der Steinzeit einschränkte, war lebensgefährlich. Solche Situationen werden aber in unserer heutigen Gesellschaft nicht mehr so wahrgenommen. Wenn man sich ein Bein bricht, stirbt man heutzutage nicht mehr, im Gegensatz zu damals, als damit eine Flucht unmöglich wurde. War man in der sicheren Höhle, war ein Überleben wahrscheinlicher, aber nur, wenn einem Nahrung gebracht wurde. Brach man sich hingegen einen Arm, war das für das Reptilienhirn bei Weitem nicht so schlimm, denn dann konnte man ja noch wegrennen. Generell lässt sich daher sagen, dass Probleme, die die obere Körperhälfte betreffen, weniger zu erhöhter Ausschüttung von schlechten Gefühlen führen, als solche, die die untere Körperhälfte betreffen.

So bin ich folgenden gesundheitlichen Problemen häufig als den Ursachen für Alarm im Reptilienhirn begegnet: Unerklärlichen Existenzängsten nach einer Hüftoperation, was dann zur Erstarrung führte und als Depression bezeichnet wurde. Die Aktivierung eines Programms des Reptilienhirns kam auch bei Schmerzen in den Knien vor, bei der Verstauchung eines Fußes, Gelenkschmerzen aller Art, besonders in den Beinen. Bei verschiedensten Rückenproblemen trat dies ebenso auf. Außerdem bei Unfällen aller Art, auch wenn man kaum verletzt wurde. Ebenso können Tinnitus, Hörsturz oder Einschränkungen des Gehörs zur Alarmbereitschaft des Reptilienhirns führen, weil man eine Gefahr eventuell nicht mehr kommen hört.

Beziehungen

In Beziehungen können Probleme auftreten, wenn das Reptilienhirn annimmt, man sei allein – allein im steinzeitlichen Sinne, also ohne Gruppe. Heute können wir natürlich nicht mehr so allein sein wie damals, aber das nimmt das Reptilienhirn nicht wahr. Wenn eine Person keinen Partner hat, kann sie angetrieben sein, einen zu suchen. Hat sie einen, kann sie sich wiederum zu stark an ihn klammern, aus Angst, ihn zu verlieren. Es kann auch zu einem Konflikt kommen, indem man zur gleichen Zeit zu einem Partner hingetrieben und von ihm weggezogen wird. Dies kann aus dem Sicherheitswunsch heraus passieren: Ein Mensch ist immer noch besser als gar keiner, aber eine Gruppe wäre besser. Eine solche Person spürt ein innerliches Hin und Her zwischen Festklammern und Unsicherheit in der Beziehung, es will die Partnerschaft halten und zugleich beenden. Es kann auch sehr schwierig sein, eine ungute Beziehung zu beenden, besonders ab Dreißig. Denn dann, so glauben wir gemäß der Steinzeit, wo die Menschen nicht so alt wurden, seien die Chancen geringer, einen neuen Partner und damit Sicherheit zu finden.

Existenzängste können sich einstellen, wenn der Partner krank wird. Unter damaligen Bedingungen war dies ja auch meistens so: Wenn der Partner nicht mehr flüchten konnte oder starb, war die Wahrscheinlichkeit zu sterben höher, als wenn man zu zweit war. Die Ängste aktivieren sich auch, wenn jemand von seinem Partner verlassen wird.

Nochmals zur Verdeutlichung: Das Reptilienhirn kümmert sich nicht um die Beziehung, wie wir sie auf der Gefühlsebene kennen. Unsere Gefühle spielen keine Rolle, sie sind auf der mittleren Ebene angesiedelt. Hier, auf der unteren Ebene, geht es nur um die Anzahl der Menschen um uns her, und ihre Bereitschaft und natürlich auch Fähigkeit, uns zu verteidigen. Dies verdeutlicht einiges am Klammerverhalten vieler Menschen, die sich das selbst oft nicht erklären können, vor allem wenn sie sich als selbstsicher einstufen.

Beruf
Auch hier finden sich Probleme, bei denen das Reptilienhirn die Ursache ist. Jemand kann zum Beispiel Mühe haben, seinen Arbeitsplatz zu wechseln, auch wenn er das eigentlich längst will. Eine solche Person scheint sich innerlich nicht dazu bewegen zu können, obwohl sie vom Verstand her weiß, dass es besser wäre, eine andere Stelle zu suchen. Auch hier hat man es mit der Gruppe aus dem Steinzeit-Szenario zu tun. Bei vielen Menschen nimmt das Reptilienhirn die Arbeitskollegen als die eigene Gruppe wahr, von der man abhängig ist, um zu überleben. Deswegen harren viele an ihrem Arbeitsplatz aus, auch wenn es ihnen dort nicht mehr gefällt. Sie fühlen sich innerlich außerstande, einen neuen Job zu suchen. Dies erklärt auch, dass Menschen, die stark unter Mobbing leiden, es häufig nicht schaffen, die Firma zu wechseln.

Verliert man seine Stelle, kann dies den Fluchtreflex oder die Erstarrungsreaktion auslösen, was häufig als Depression angesehen wird. Es treten Existenzängste auf. Das Reptilienhirn reagiert so, weil es annimmt, dieser Mensch sterbe nächstens den Hungertod. Es folgert: keine Gruppe und deshalb auch kein Schutz mehr und kein Essen.

Die Stelle zu verlieren, ist natürlich auch für die mittlere Ebene nicht angenehm, da man sich meist Sorgen macht, wie man finanziell über die Runden kommen wird. Doch wenn man tief innerlich ein sicheres Gefühl hat, dann verfügt man über das Vertrauen, eine neue Stelle zu finden, und ist auch motiviert, die entsprechenden Schritte zu unternehmen. Wenn tief innerlich der Hungertod erwartet wird und man erstarrt, ist man häufig nicht oder nur mit großer Willensanstrengung zum Handeln fähig, um etwas Neues zu finden.

Achtung: Ansteckungsgefahr!

Eine wichtige Bemerkung in diesem Zusammenhang ist – und das gilt für alle Bereiche: Die »Gefühle« des Reptilienhirns sind ansteckend! Auch dies hat seinen Ursprung in der Steinzeit: Wenn ein Individuum der Gruppe in Gefahr war, waren alle in Gefahr. So übertrug es sich, es diente den Fluchtmechanismen der Gruppe – weil damals die Sprache noch nicht das Haupt-Kommunikationsmittel war – und sorgte dafür, dass, sobald jemand zu flüchten begann, alle anderen ebenfalls sofort die Flucht ergriffen. Für aktive, bewusste Kommunikation war keine Zeit.

Das hat bis heute Folgen. Ein Beispiel aus dem Arbeitsbereich, um noch bei dem Thema zu bleiben: Wenn jemand ein Bewerbungsgespräch absolviert und dabei diese vom Reptilienhirn erzeugten schlechten Gefühle hat, wird der Interviewer das merken. Er bekommt einen unguten Eindruck, weiß aber nicht genau, wieso. Vielleicht wird er von der Psyche her nach einer Erklärung suchen, die richtige kann er aber nicht finden. Die Meinung ist in jedem Fall gemacht: Der Bewerber bekommt die Stelle nicht, obwohl das Gespräch selbst sehr gut verlaufen ist. Das kann dann für die Psyche des Bewerbers sehr schwer sein, weil er überhaupt nicht versteht, weshalb es schiefgegangen ist.

An dieser Stelle ein Hinweis für Menschen, die eine Tätigkeit in einem Krankenhaus ausüben oder generell in einem Pflegeberuf arbeiten: Das Genannte erklärt auch, weshalb man plötzlich und ohne einen offensichtlichen Grund verspannt sein kann – gerade in einer Umgebung mit vielen Kranken oder Leidenden.

Es gäbe noch viele weitere Erklärungen und Beispiele zum Thema Reptilienhirn – wichtig ist in jedem Fall, sich auf

Steinzeit-Verhältnisse einzustellen und darauf zu achten, dass es weiß, ob die Grundbedürfnisse erfüllt sind oder nicht. Doch wie macht man das? Wie erreiche ich das Reptilienhirn, wenn es weder sieht, was ich sehe, noch hört, was ich höre und mir denke? Im folgenden Abschnitt finden sich Übungen, die Probleme in puncto Reptilienhirn beseitigen können.

Übungen gegen Ängste, deren Ursache das Reptilienhirn ist

Ist das Reptilienhirn die Ursache von Problemen, ist es eigentlich relativ einfach, diese zu beheben, weil ja bei allen von uns die Grundbedürfnisse erfüllt sind: Wir haben Menschen um uns, verfügen über Nahrung und ein Dach über dem Kopf.

Das Reptilienhirn reagiert nur auf innere Bilder. Ich arbeite in den Übungen jeweils mit zwei Bildern, und diese sind immer gleich. Das erste ist das wichtigere, denn es zeigt dem Reptilienhirn auf eine Art und Weise, die es verstehen kann, dass man seine Pflicht, sich selbst am Leben zu erhalten, erfüllt hat.

→ *Übung mit innerem Bild 1*

Der Ablauf der Übung geht so vor sich, dass Sie sich das im Folgenden beschriebene Bild innerlich vorstellen, es visualisieren. Was Sie zu diesem Bild denken, ist unwichtig, die Gedanken werden vom Reptilienhirn nicht wahrgenommen.

Als Bild dient ein typisches Steinzeit-Szenario: Stellen Sie sich vor, dass Sie, in Pelz gekleidet, auf einem dicken Fell in einer Höhle sitzen. Die Größe der Höhle ist nicht entscheidend, wichtig ist, dass es sich gut anfühlt. Ich rate zu einer großen Höhle, und Sie sitzen in deren Mitte.

Stellen Sie sich nun rechts von Ihnen eine Gruppe Menschen vor. Um wen es sich dabei handelt, ist bedeutungslos. Es können Menschen sein, die Sie kennen oder auch nicht, eine Mischung aus Frauen, Männern und Kindern, nur Männer oder nur Frauen. Es ist einfach die Gruppe, zu der Sie gehören.

Was wichtiger ist, befindet sich rechts von Ihnen. Da sehen Sie den Eingang der Höhle und gleich davor, noch in der Höhle, sitzen diejenigen, die für die Verteidigung der ganzen Gruppe zuständig sind. Das sind Männer, nicht älter als dreißig Jahre, und sie sehen stark aus. Die Gesichter sind unbedeutend, Sie müssen sie nicht unbedingt kennen. Entscheidend ist, dass im Bild die eigene Sicherheit vor wilden Tieren gewährleistet ist.

Was ebenso ins Bild gehört, ist Nahrung für alle. Ich schlage dafür Hühner vor, noch mit ihrem Federkleid. Sie liegen gegen die Wand gestapelt, und Sie sollten sie zusammen mit den Männern im Blickfeld haben. Ob Sie die anderen Gruppenmitglieder auch gleichzeitig sehen, ist unwesentlich.

Der Pelz, den Sie tragen und auf dem Sie sitzen, ist deshalb wichtig, weil sich das Reptilienhirn außer mit Bildern nur mit ihm beruhigen lässt. Nicht umsonst beruhigt es viele Menschen, eine Katze zu streicheln, und kleine Kinder fühlen sich generell auf einem Schaffell sehr wohl. Sie können in Ihrem Bild auch ein Feuer brennen lassen. Sonst sollten Sie aber möglichst keine weiteren Elemente hinzufügen.

Das Bild sollte während der ganzen Übung dasselbe sein, auch wenn es langweilig wird. In diesem Fall können Sie beispielsweise Felle nähen oder Steine schleifen, jedoch nur, wenn es unbedingt nötig scheint. Schauen Sie sich dieses Bild also innerlich ein Paar Minu-

ten an, bis Sie eine körperliche Reaktion spüren. Was Sie spüren, kann unterschiedlich sein. Die meisten nehmen eine tiefe innere Entspannung und ein gutes, wohliges Gefühl wahr. Etwas Übung ist nötig, bis Sie sich daran gewöhnen, auf dieses innere Gefühl zu achten. Doch es lohnt sich, denn Sie werden später im Alltag spüren, dass Sie von diesem Gefühl getragen und nicht mehr von einem schlechten inneren Grundgefühl begleitet werden. Dafür braucht es nur dieses Bild. ↑

→ *Bild 2*

Das zweite Bild, mit dem ich häufig arbeite, benutze ich zum »Entladen«. Was meine ich damit? Das Reptilienhirn hat seine eigenen Energiereserven im Körper, die nur zum Flüchten oder Erstarren benutzt werden. Sie können sich das so vorstellen: Nach einem langen (Steinzeit-)Tag wollen Sie sich müde zur Ruhe begeben, doch plötzlich kommt eine Gefahr – dann werden diese Reserven freigegeben, um Ihnen noch die volle Kraft für eine Flucht zu ermöglichen.
Wenn nun der Fluchtreflex oder die Erstarrungsreaktion schon längere Zeit aktiviert sind, überborden diese Reserven. Es ist ein Zuviel an Energie vorhanden, was sich in dem Gefühl, sich nicht ganz entspannen zu können, ausdrücken kann. Diese Energie wird zum Hemmen oder Antreiben benutzt. Viele Menschen spüren dies unbewusst und suchen Situationen, häufig auch gefährliche, um sich davon zu befreien. Sport kann helfen, aber wenn das Signal nicht gegeben wird, dass die Gefahr vorüber ist, werden die Energiereserven nach dem Sport wieder angehäuft. So entsteht oft eine Überbelastung der Muskulatur, die nach einer gewissen Zeit körperliche Symptome auslösen kann – Spannungsschmerzen, unregelmäßiger Herzschlag usw.

Für das zweite Bild sind zwei Elemente nacheinander entscheidend: Erstens: Es geht eine Gefahr von einem Tier aus. Zweitens: Das Tier ist weg, Sie haben sich in Sicherheit gebracht. Für die Übung rate ich Ihnen zu folgendem Bild: Sie stehen in der Natur, gekleidet in Pelz. Vor Ihnen breitet sich endlos die Wiese aus, hinter Ihnen befindet sich ein Wald. Plötzlich hören Sie entweder Gebrüll oder Sie sehen ein Tier, von dem Sie wissen, dass es hinter Ihnen her ist. Die Art des Tieres ist nicht so bedeutend, es sollte jedoch eines sein, das bei Ihnen eine Reaktion auslöst.

Daraufhin fangen Sie – innerlich – an zu rennen, so schnell Sie können. Machen Sie das eine oder mehrere Minuten, bis Sie spüren, dass es reicht. Laufen Sie nun in eine Höhle hinein – eine andere und kleinere als die aus dem Bild der ersten Übung. Wenn Sie mit Ihren letzten Kräften dort angekommen sind, schieben Sie einen Stein vor den Eingang und legen sich auf ein Fell. Das Gefühl, das Sie dabei haben, ist: Geschafft, entkommen! Das ist wichtig, es ist das Signal für das Reptilienhirn, dass die Gefahr vorbei ist, und so werden Ihre Energiereserven »entladen«.

Sie können sich gern vorstellen, dass diese kleine Höhle durch einen geräumigen Tunnel im Inneren des Berges mit der großen Höhle verbunden ist. Für viele kann es von der Psyche her ein Problem sein, nicht mehr nach draußen gehen zu können, da sie der Überzeugung sind, dass das wilde Tier vor der Höhle auf Sie wartet. Mit einem Tunnel ist auch dieses Problem gelöst.

Nochmals, es ist eine gesteuerte Visualisierung, was Sie während des ganzen Ablaufs denken, ist belanglos. Wichtig ist aber: Sie sind immer schneller als das Tier. ↑

➔ *Die beiden Bilder anwenden*

Das Vorstellen des ersten Bildes mit der großen Höhle ist die grundlegendere der beiden Übungen. Oft reicht es, überhaupt nur dieses Bild zu üben. Wenn Sie spüren, dass es zum Entspannen doch nicht ausreicht, können Sie die Übung mit dem zweiten Bild anschließen. Ein Übungsvorschlag: Das erste Bild einmal am Tag und das zweite Bild einmal in der Woche visualisieren. ➔

Der zweite, bekannte Angsttyp

Der Umgang mit der zweiten Art der Angst

Der zweite Angsttyp ist uns eher bekannt als der erste. Und doch ist diese Art nicht ganz so leicht von der vom Reptilienhirn stammenden Angst zu unterscheiden. In der Literatur finden sich viele Ansätze, mit Angst umzugehen. Der Zugang, wie ich ihn nachfolgend beschreibe, ist mein persönlicher Ansatz, der natürlich andere Wege nicht ausschließt.

Diese Art der Angst zeigt sich in verschiedensten Formen: Höhenangst, Angst vor Spinnen, vor dem Fliegen, in Räumen, auf offenen Plätzen, vor Prüfungen, vor Behörden, vor Vorgesetzten, vor dem Sprechen vor vielen Leuten, vor bestimmten Tieren usw. Diese Ängste sind oft sehr komplex und beinhalten häufig mehrere Komponenten; also neben dem Anteil der Angst auch psychische, geistige oder weitere. Wie ich in der Praxis etwa mit dem psychischen Aspekt umgehe, lässt sich nicht verallgemeinern, da dies je nach Person sehr unterschiedlich sein kann. Das Vorgehen beim Angst-Anteil hingegen ist bei den meisten Menschen ähnlich.

Zuerst ist meist die »Angst vor der Angst« abzubauen. Viele sind der Ansicht, dass Angst etwas Schlechtes ist, und sagen ihr deshalb häufig den Kampf an. Weil Angst aber zum Körper gehört und von der Biologie her Vorrang hat (ähnlich wie beim Reptilienhirn), führt der Kampf mit der Angst oft zu noch mehr Angst.

Wie soll man aber damit umgehen? Zu Beginn rate ich, die Angst zu personalisieren, genauer: ihr ein Gesicht oder eine Form und einen Platz zu geben und sie zu begrüßen. Wenn ich Menschen frage, wie ihre Angst aussieht, beschreiben sie sie häufig in dunklen Bildern, mit viel Schwarz, also auch in Angst machender Form. In dem Fall sollte man das Gesicht oder die Form, die man der Angst gibt, in etwas Angenehmeres mit einem freundlichen Ausdruck verändern. Als Farbe eignet sich zum Beispiel ein leichtes Blau oder Rosa. Auf jeden Fall eine, die keine Angst macht. Viele nehmen auch ein Tier. Gerade Kinder, bei denen ich dieses Vorgehen oft anwende, bevorzugen dann vielfach kleine Wölfe, Bären oder Vögel.

Wenn man sich für ein Bild entschieden hat, kommt der zweite Schritt, nämlich der Angst einen Platz zu geben. Mein Vorschlag ist, dafür die rechte Schulter zu nehmen. Das heißt, man platziert die Angst symbolisch dorthin, und an dieser Stelle spricht man sie dann auch an. Diesen Ort wählte ich aus zwei Gründen: Erstens ist er »frei«, es befindet sich dort weder ein Gefühl noch ein energetisches Zentrum. Zweitens sind wir fast alle mit dem Bild des Falken vertraut, der auf der Schulter eines Menschen sitzt, um ihn vor Gefahren zu warnen. Er fliegt immer wieder voraus und erkundet die Umgebung. Dieses Bild der Zusammenarbeit von Mensch und Tier ist ebenso eine Hilfe, die eigene Angst als einen persönlichen Beschützer zu betrachten statt als einen Störfaktor.

Nun folgt das Begrüßen. Damit meine ich, dass man der Angst tatsächlich Hallo sagt und sie willkommen heißt.

Ein weiterer Schritt, mit der Angst umzugehen, ist, sie näher kennenzulernen, um die Art, wie sie funktioniert und »denkt«, besser zu verstehen. Ihre Rolle vergleiche ich oft mit der Funktion eines Schutzengels oder eines Bodyguards, der eben ab und zu stark übertreibt … Hilfreich in diesem Zusammenhang sind Gedanken wie diese: Ich fühle mich beschützt von meiner Angst, weil ich weiß, dass sie auf mich aufpasst, vierundzwanzig Stunden am Tag. Angst schläft nie, und sie hilft mir, wo es möglich ist.

Alles, was ich über die Angst weiß, lernte ich von ihr selbst, indem ich mit ihr viele »Gespräche« führte. Sie erzählte mir, wie Angst denkt. Hierbei unterscheidet sich übrigens diese Art der Angst von jener vom Reptilienhirn, die nicht »spricht«.

Wenn Menschen mit einer Angstproblematik zu mir kommen, spricht meine Angst mit der des Gegenübers und schildert mir, was bei dieser Person los ist. Angst denkt in dem Sinne nicht logisch oder rational wie unser Verstand, sondern hat ihre eigene Logik. Häufig ist diese weit entfernt vom normalen verstandesmäßigen Denken und deshalb nicht immer leicht nachvollziehbar.

Die Angst erwartet das Schlimmste – das ist ihre Aufgabe

Die Angst ist von Mensch zu Mensch unterschiedlich stark beschäftigt, einige haben vor vielem Angst, andere weniger. Das, womit sich die Angst befasst, kann man sich wirklich als aufgelistet vorstellen: Meine Angst hält ein Blatt Papier in der Hand, auf dem alle Dinge stehen, womit sie sich beschäftigt. Eine solche Liste kann kurz oder lang sein, und sie ist auch in gewissen Grenzen variabel.

Wie gesagt hat Angst eine eigene Art zu denken, und dieses Denken ist ganz anders als das Denken von Geist oder Ego. Dies ist ein wichtiger Punkt im Umgang mit der Angst. Es ist ihre Aufgabe, das Schlimmste zu erwarten, und das macht sie zuverlässig. Wenn sie das nicht tun würde, wäre sie kein guter Beschützer. Ich beschreibe dies häufig mit den Worten: »Die Angst kennt nur Tiger, die beißen immer, und sie können jeden Moment auftauchen.« Es ist also ein sehr rudimentäres Schwarz-Weiß-Denken.

Nimmt man Angst als Teil von sich an und versteht sie, ist es leichter, mit ihr umzugehen, wenn sie gerade mal wieder eine Katastrophe voraussieht. Wenn man beispielsweise irgendwo im Körper einen Schmerz verspürt, denkt die Angst sofort an etwas ganz Schlimmes – weil sie eben nicht anders kann. Wir selbst denken das nicht. Häufig produziert sie auch entsprechende Bilder. Ich empfehle bei solchen Situationen jeweils, sich diese Bilder anzusehen – da das Wegdrängen sowieso kaum klappt –, ihnen aber keine wirkliche Bedeutung zuzumessen, weil die Angst immer so denkt. Wenn man die Angst bekämpft, wird sie oft stärker, und dann beherrschen einen ihre Gedanken. Andere Gedanken, die die Situation als weniger schlimm betrachten, haben dann keinen Platz mehr.

Viele Menschen glauben, Angst ziehe Schlimmes an und ängstigen sich deshalb vor den Gedanken und Bildern, die die Angst produziert. Ich sehe das anders: Verspüre ich Schmerzen – um beim obigen Beispiel zu bleiben –, versucht meine Angst mich zu warnen, dass etwas nicht stimmt. Und weil sie auf Nummer Sicher gehen will, meine Aufmerksamkeit zu erhalten, übertreibt sie ziemlich mit ihren Bildern, sodass ich es ja nicht übersehe. Die Angst hat nicht sehr viele Mittel zur Verfügung, daher reagiert sie eigentlich immer auf die gleiche Art. Je mehr einem dies bewusst wird und je besser man versteht, wieso sie auf diese Weise reagiert, desto besser kann man damit umgehen. Die Angst, die man spürt, vermindert sich deswegen zwar nicht unbedingt, aber mit der Zeit verspürt man zumindest keine Angst mehr vor der eigenen Angst.

Bei bestehenden Krankheiten befürchtet die Angst häufig eine Verschlimmerung. Klar, eine Verbesserung liegt nicht in ihren Möglichkeiten, das einzukalkulieren gehört nicht zu ihrem Job. Hoffnung auf Heilung kann zum Beispiel vom Geist kommen, ebenso vom Ego. Auch hier gilt: Je klarer uns dies bewusst wird, desto leichter wird der Umgang mit der Angst.

Die Angst passt gut auf uns auf

Wenn ich in meinen Seminaren das Thema Angst anspreche, gibt es immer wieder Menschen, die sagen, sie hätten keine Angst. Dies hat damit zu tun, dass das, was wir Angst nennen, nur ein kleiner Teil der Angst ist – also dieses unangenehme Gefühl in der Bauchgegend oder in der Brust. Zeigt sich dieses Gefühl nicht, meinen wir, wir hätten keine Angst. Doch Angst kann sich auch anders zeigen, etwa als eine sehr große Klarheit. Man hört manchmal Berichte von Menschen, die in Gefahr waren und in dem Moment genau das Richtige taten, mit großer Klarheit und Bestimmtheit, sozusagen ohne Angst. Deswegen konnten sie gerettet werden. Häufig versteht man nachher nicht mehr genau, wie man etwas Schwieriges geschafft hat. Klarheit ist also ebenfalls ein wichtiger Aspekt der Angst. Sie hat somit auch eine positive Seite, die wir gar nicht bemerken. Angst ist immer wach, sie sorgt im Alltag ständig dafür, dass wir achtgeben, wohin wir treten, dass wir nirgendwo hereinfallen, uns nicht verletzen oder irgendwo anstoßen usw. Wir bemerken es nicht, weil es wie automatisch abläuft und das unangenehme Gefühl, das wir Angst nennen, dabei nicht vorhanden ist.

Der kleine Anteil, den wir als Angst kennen, wird nicht von allen gleichermaßen gespürt, da er nur einen Teil ihrer Funktionen ausmacht. Zusammengefasst sind die ersten Schritte im Umgang mit der Angst, eine freundschaftliche Beziehung zu ihr aufzubauen und ihr zu danken, dass sie Tag und Nacht so gut auf uns aufpasst. Dies ist ganz allgemein empfehlenswert für jene, denen ihre Angst zum Problem geworden ist.

In einigen Büchern wird der Angst das Vertrauen gegenübergestellt oder auch die Liebe. In dem Sinne: Hat man genügend Vertrauen oder Liebe, hat man keine Angst mehr. Dieser Meinung kann ich mich nicht anschließen. Ich liebe meine Angst, ich bin ihr dankbar dafür, dass sie so gut auf mich aufpasst. Meine Angst kennt mich sehr gut und kann mich auch körperlich sehr gut einschätzen; sie sorgt dafür, dass ich mich nicht überanstrenge oder überschätze und dass Geist und Körper im Einklang miteinander sind. Ich habe großes Vertrauen in meine Angst. Ihr hin und wieder starkes Übertreiben nehme ich in Kauf, da ihre Sorge um mich diesen kleinen Nachteil bei Weitem übertrifft.

Verschiedene Formen der Angst

Im Folgenden möchte ich spezifische Ängste in Verbindung mit einzelnen Beispielen näher erläutern. Dabei geht es mir hauptsächlich darum, dass Betroffene ihre eigene Angst besser verstehen und die Angst vor der Angst abbauen können. Ich erläutere in den Beispielen mein Vorgehen deshalb so ausführlich, um auch therapeutisch tätigen Menschen einen Weg zu zeigen, die Inhalte dieses Buches praktisch umzusetzen.

Die praktische Arbeit mit der Angst

In meiner Arbeit geht es mir vor allem darum, den Menschen in Harmonie mit sich selbst zu bringen. Für mich ist Harmonie kein definierter Zustand, wie zum Beispiel glücklich und ohne Angst zu sein. Wer stark unter Angst leidet und sich mit ihr anfreundet, kann sich mit ihr in Harmonie befinden. Dies ist von Bedeutung, da es mir nicht darum geht, keine Angst mehr zu haben.

Wir können immer in Harmonie sein, wenn wir uns mit dem Zustand, in dem wir uns befinden, anfreunden – unabhängig davon, welcher Zustand das ist. Der Wunsch, den Zustand verändern zu wollen, ist natürlich auch gut, doch das fällt uns meistens leichter, wenn wir uns zuerst damit auseinandergesetzt haben. Es ist wie immer: Alles kann, nichts muss. Wenn man die eigene Angst nicht ausstehen kann, aber das jetzt einmal so stehen lässt, also annimmt, dass es jetzt einfach so ist, befindet man sich in Harmonie damit – und das fühlt sich schon besser an. Man »muss« die Angst nicht gern haben. Man kann sich dafür lieben, etwas nicht zu wollen. Dies gilt nicht nur für Angst, sondern für alles, was einem widerfährt. Etwas nicht zu wollen, fühlt sich gut an, wenn man sich dieses Gefühl erlaubt.

In meiner Arbeit mit der Angst verändert sich bei den meisten Menschen die Beziehung zur Angst trotzdem zum Guten. Ich spreche über sie und erkläre, dass sie nur versucht, ihr Bestes zu geben. Und dass die schlechte Beziehung, die man zu ihr hat, daraus resultiert, dass man sie nicht so gut versteht.

Neben der Angst beziehe ich auch die anderen Teile von uns Menschen mit ein: Energiefeld, Geist und Ego, Gefühle und Körper. Das Energiefeld, meist »Aura« genannt, kann mit der Angst sehr stark interagieren. Wie erwähnt ist der Geist der Teil von uns, dem es möglich ist, sich außerhalb von Raum und Zeit zu bewegen. Diese Eigenschaft kann durch die Anwesenheit von Angst sehr erschwert werden, was dem Betroffenen Probleme bereiten kann. Das Ego wiederum »bewertet« alles. Es gibt kaum schwerwiegende Probleme zwischen Angst und Ego, außer: Das Ego würde sich selbst natürlich viel toller finden, wenn man nicht so viel Angst hätte. Dies lässt sich relativ leicht lösen, indem man das Ego auf die Vorteile der Angst hinweist. Die Gefühle nun reagieren auf Angst. Das kann bei Trauer oder Wut geschehen. Diese Reaktionen sind eine Folge. Daher rate ich meistens davon ab, gleich mit den Gefühlen zu üben, so wie ich es im ersten Kapitel beschrieben habe. Der Körper reagiert stark auf Angst, das wissen wir alle, und das ist auch völlig normal. Arbeiten wir jedoch mit der Angst, wird es besser.

Angst vor dem Fliegen

Der Flugangst begegne ich relativ häufig. Mein Vorgehen variiert dabei je nach Fall. Als Erstes betrachte ich den generellen Zustand des betreffenden Menschen. Es geht darum, ob es sich »nur« um die Angst vor dem Fliegen handelt oder ob noch weitere Ängste vorhanden sind. Dies ermittle ich, indem ich danach frage.

Zunächst achte ich auf den Zustand des Reptilienhirns, was ich mit einigen Fragen klären kann: »Schlafen Sie nachts gut?« Im Besonderen: »Schlafen Sie durch?« Wenn ja, kann ich davon ausgehen, dass das Reptilienhirn keine Probleme bereitet. Wenn nein, frage ich nach, ob das nur hin und wieder oder häufig vorkommt. Weiterhin bringe ich in Erfahrung, ob unbegründete Existenzängste oder ein innerer Spannungszustand (der sich nicht so leicht beschreiben lässt) vorliegen. Wenn dem so ist, wäre ein erster Schritt, mit den Steinzeit-Bildern zu arbeiten (siehe ab Seite 96), um das Reptilienhirn zu beruhigen.

Dazu beginne ich mit dem Bild der großen Höhle. In den meisten Fällen hat das einen sofortigen Effekt, indem die Menschen im Körper eine Wärme spüren, manchmal zwar nur wenig, aber immerhin. Wenn der Betroffene nach ein paar Minuten überhaupt nichts spürt, versuche ich es mit Bild 2 und danach nochmals mit dem ersten Bild. Wenn immer noch nichts wahrgenommen wird – was äußerst selten zutrifft –, kann es eventuell sein, dass derjenige momentan sehr gestresst ist. In einem solchen Fall schlage ich vor, dass er die Übung zu Hause wiederholt, am besten im Bett vor dem Einschlafen.

Daraufhin widme ich mich dem zweiten Angsttyp. Dabei ist es wichtig zu wissen, ob die Flugangst schon länger oder erst seit Kurzem existiert. Hat der Betroffene das Problem schon länger, versuchte er wahrscheinlich intensiv dagegen anzukämpfen. Mein Vorgehen zielt nun darauf hin, dass die Person eine Freundschaft mit ihrer Angst aufbaut. Das dauert etwas länger, wenn schon sehr viele schlechte Erfahrungen mit der Angst vorliegen. Ich erzähle also darüber, wie ich mit Angst umgehe, und bringe die Idee ein, mit der Angst zu reden.

Als erste Aufgabe empfehle ist, der Angst ein Gesicht zu geben. Ich schlage dazu oft ein Tier vor. Vielen gefällt zum Beispiel das bereits erwähnte Bild eines Falken, der auf der Schulter sitzt und vor einer Gefahr warnt. Obwohl ein solches Vorgehen für die meisten Menschen etwas Neues ist, schaffen sie das recht gut. Anschließend rate ich dazu, die Angst zu begrüßen – etwa mit einem einfachen Hallo – und ihr einen Platz zu geben, beispielsweise auf der rechten Schulter.

In einem nächsten Schritt gehe ich dem Ursprung der Angst nach. Meistens sind keine selbst erlebten Erfahrungen vorhanden, auf die die Angst zurückgreift, wie etwa die eines tatsächlichen Absturzes oder die einer Notlandung. Wurden jedoch solche Erfahrungen gemacht, ist der Fall komplexer, da alle entsprechenden Ebenen miteinbezogen werden sollten.

Der hier beschriebene Prozess dauert bei jedem Menschen unterschiedlich lange. Die Schritte sind aber in etwa die gleichen. Nach der Begrüßung der Angst und dem ersten Austausch geht es weiter im Gespräch mit ihr. Bei den meisten

Menschen geht das ziemlich gut, obwohl das Gefühl, dass man sich das alles einbildet, stark sein kann. Spricht man mit der Angst, wird ersichtlich, dass sie etwas anderes »denkt« als die anderen Instanzen wie Körper oder Geist. Angst nimmt die Umgebung immer auf Sicherheit bezogen wahr. Das kann sich zum Beispiel so ausdrücken, dass Menschen, die unter Angst leiden, in einem Kinosaal lieber in der Nähe der Tür sitzen und nicht mitten in einer Reihe.

Bei Flugangst reagiert die Angst eigentlich völlig »richtig«. Denn sie weiß nicht, was ein Flugzeug ist. Sie weiß nur, dass die Person vorhat, sich in die Luft zu begeben und dass dies *immer* tödlich endet (das Flugzeug existiert für sie ja nicht). So meint die Angst nicht: Das Flugzeug wird abstürzen, sondern: Der Mensch wird abstürzen. Das ist ein großer Unterschied.

Führt der Betreffende mit der Angst Gespräche über solche Dinge, wird ihm klar, wieso sie immer das Schlimmste denkt, und dass sie vieles, was heute existiert, nicht gut kennt. Der Angst lässt sich schwerlich erklären, wieso man in einem Flugzeug nicht aus der Luft fällt. Doch es reicht, wenn man ihr das Konzept einer solchen Maschine beibringt. In der Luft gibt es keinen Boden, im Flugzeug schon. Es sind kleine Dinge, die jedoch einen großen Unterschied machen, wenn man die Angst darauf hinweist. Diese Überlegungen scheinen etwas fremd, doch man muss mit der Angst ja nicht nur über Flugzeuge sprechen, sondern kann andere Erfahrungen hinzunehmen.

Ich zeige dem Klienten ebenso auf, dass Angst immer dasselbe denkt. Sie muss das tun, um uns den größtmöglichen Schutz zu bieten. Da Angst wilde Tiere am besten kennt – und weiß, dass sie *immer* beißen –, betrachtet sie auch alles aus diesem Blickwinkel. Wenn sie also etwas als gefährlich einstuft, bleibt das so. Die Lernfähigkeit ist zwar da, aber die Sicherheit kommt zuerst. Wenn jemand dies rational nachvollziehen kann, wirkt das schon einmal sehr beruhigend.

Daraufhin kann der Angst Recht gegeben werden, indem man sagt: »Ja, ich werde abstürzen, wenn ich in die Luft gehe. Ich gehe jetzt aber nicht einfach so in die Luft, sondern ich tu das zusammen mit einer Maschine, die mich in der Luft festhält.«

Ist dieser Schritt gemacht worden – und man lässt die Angst denken, was sie denkt –, kann man mit der Angst ins Flugzeug steigen. Im Inneren ist es wichtig, der Angst eine Rolle zu geben, etwa indem sie sich das Flugzeug anschaut und dabei erkennen kann, wie gut alles aussieht. Man geht also mit der Angst zusammen ins Flugzeug, nicht ohne sie, und versucht die Situation gemeinsam zu bewältigen.

Dieser ganze Prozess, mit der Angst zu reden, ihr liebevoll zu begegnen und sie zu verstehen, dauert, wenn sie sehr stark ist, durchschnittlich drei Monate. Es kann schneller gehen, wenn die Angst nicht so ausgeprägt ist.

Prüfungsangst bei Erwachsenen und Kindern

Auch bei Prüfungsangst ist es wesentlich, ob es sich nur um sie oder um zusätzliche Ängste handelt. Mein Vorgehen ist dabei sehr individuell, deswegen erwähne ich hier verschiedene Möglichkeiten.

Bei Prüfungsangst zeigt sich meist die Angst aus der Steinzeit zusammen mit der zweiten Art. Die Steinzeit-Angst kann reagieren, weil die Verbindung »Prüfung – Job – Geld – Essen« besteht. Aber sie kann auch ohne diese Verbindung eine Reaktion zeigen.

Prüfungsangst tritt mehr oder weniger stark auf, vom nervösen Zittern, das wieder verschwindet, wenn die Prüfung begonnen hat, bis zum kompletten Blackout, bei dem man nichts mehr weiß. Für dieses Blackout ist das Reptilienhirn verantwortlich. Es schlägt Alarm, und dann ist nur Flucht, Erstarrung oder Angriff angesagt – und nicht Nachdenken, Reden oder Schreiben.

Sind wenige Prüfungen zu absolvieren oder stehen nicht mehr viele an, reicht es, wenn man die Höhlenübungen macht und sich so darauf vorbereitet. Ich hatte auch Fälle, bei denen es um eine einmalige Prüfung ging und die Betreffenden erst kurz davor zu mir kamen. Da blieb keine Zeit mehr, viel zu üben. Ich riet, während der Prüfung ein kleines Stückchen Pelz in der Tasche zu haben und dieses festzuhalten. Das mag jetzt als Maßnahme sehr einfach erscheinen, aber ich habe ein überaus gutes Feedback von denjenigen bekommen, die den Rat befolgten. Die Angst war bei den meisten zwar dennoch da, aber sie konnten die Prüfung ohne Gedächtnisschwierigkeiten durchstehen.

Die Motivation, Übungen zu machen, um mit der Angst besser umgehen zu können, ist bei Prüfungsangst verständlicherweise nicht groß, da ja sonst keine Angstproblematik vorliegt. Aus diesem Grund hilft der Pelz häufig besser als die anderen Ratschläge, einfach weil der Aufwand so klein ist. Manchen Menschen hilft auch bloß eine Erklärung über die Vorgänge im Körper. Ich sage ihnen, was genau passiert, wenn man große Angst bekommt, wenn Panik auftritt und wieso man entsprechend reagiert.

Aus Sicht des Reptilienhirns können Prüfungen so wahrgenommen werden: Wenn man dabei Fehler macht, kann man seine Gruppe verlieren. Der Fluchtreflex tritt ein, was eigentlich sehr kontraproduktiv ist, weil man dann erst recht

Fehler machen wird. Aber es ist hier wie schon beschrieben: Die heutigen Situationen entsprechen keiner vergleichbaren in der Steinzeit. Sie werden als etwas Gefährliches eingestuft, und die üblichen Mechanismen treten in Kraft, um das physische Überleben zu sichern.

Wenn das Reptilienhirn nicht reagiert und der Betreffende es nur mit dem zweiten Angsttyp zu tun hat, empfehle ich, mit der Angst zu reden. Es soll ihr klar gemacht werden, dass man sich nicht in einer physischen Gefahrensituation befindet. Häufig wird die Person, die die Prüfung durchführt, von der Angst als feindlich betrachtet. Sie meint, dass tatsächlich eine physische Verletzungsgefahr besteht. So ist es von Vorteil, wenn sich Betroffene (zusammen mit ihrer Angst) vor der Prüfung nach Möglichkeit die Räumlichkeiten anschauen und unter Umständen sogar mit den Prüfenden kurz sprechen können. Die Angst weiß dann, dass während der Prüfung keine Angriffsgefahr besteht, weil man ja auch zuvor nicht angegriffen wurde.

Mit Kindern mache ich gute Erfahrungen, wenn ich ihnen beibringe, mit ihrer Angst zu reden. Das beliebteste »Gesicht« der Angst ist dabei ein kleiner Hund. Ich erzähle diesen Kindern, dass der Hund auf sie aufpassen sollte, sich aber in unserer modernen Welt sehr schlecht auskennt, weil er aus dem Wald kommt. Es geht nun darum, dass sie dem Hund helfen zu verstehen, dass sie während einer Prüfungssituation nicht körperlich verletzt werden. Kinder können das sehr gut nachvollziehen. Sie erklären dem Hund, was eine Schule ist und was dort so alles läuft.

Bei dieser Arbeit mit Kindern habe ich übrigens Rückmeldungen bekommen, dass viele sich danach im zwischenmenschlichen Bereich – etwa auf dem Pausenplatz – besser wehren können. Sie wissen, dass der Hund (oder ein entsprechendes »Gesicht« der Angst) ihnen wenn nötig helfen wird, und sie getrauen sich daher, mehr zu sich zu stehen, und entwickeln ein größeres Selbstvertrauen.

Aufmerksamkeitsdefizit- und Hyperaktivitätsstörungen

Wenn bei Kindern das Reptilienhirn dauerhaft auf hoher Alarmstufe ist, führt das zu großer Unruhe. Das kann sich manchmal wie eine Aufmerksamkeitsdefizitstörung oder sogar eine Aufmerksamkeitsdefizit-/Hyperaktivitätsstörung (ADS/ADHS) auswirken. Was auch häufig der Fall ist: Leiden Kinder an ADS oder ADHS und haben in der Schule Schwierigkeiten, werden deswegen gehänselt und unter Umständen sogar ausgeschlossen, kann das eine Reaktion des Reptilienhirns auslösen, was die Situation (noch weiter) verschlimmert.

Mit Kindern ist es nicht ganz so einfach, die Höhlenbilder (siehe ab Seite 96) zu visualisieren. Man kann es versuchen, aber wenn sie zu klein sind oder diese Übung komisch finden, empfehle ich folgende Vorgehensweisen:

- *Ein Schaf- oder anderes Fell ins Bett legen.* Auch ein Stofftier mit einem Stückchen Fell daran reicht oft schon. Über Schlüsselanhänger mit einem kleinen Stückchen Pelz habe ich viele positive Rückmeldungen erhalten: Sie sind ideal für Kinder, die etwas älter sind, da sie sie mitnehmen und sich daran festhalten können, zum Beispiel wenn sie Angst bekommen oder Prüfungen in der Schule anstehen.
- *Fotos von mehreren Menschen im Zimmer aufhängen.* Das kann die eigene Familie sein, aber weil eine gewisse Anzahl wichtig ist (vier Menschen sind zu wenig), schlage ich beispielsweise bei Jungen ein Foto einer Fußball- oder anderen Sportmannschaft vor. Bei Mädchen ist das etwas

schwieriger, weil sie häufig weniger Interesse in diese Richtung zeigen. Sie können vielleicht mehrere Fotos ihrer Lieblingsidole aufhängen, sodass sie auf diese Weise zu einer größeren Anzahl von Menschen kommen.

- *Ein höhlenähnliches Versteck im Zimmer als Spielecke einrichten, eventuell mit einem Zelt.* Dazu sollte man Geschichten über Freunde und die Familie erzählen, die im Zelt zusammensitzen, oder dies auch mit Familienmitgliedern und Freunden spielen. Viele Märchen enthalten Gefahrensituationen (zum Beispiel eine Flucht), bei denen am Ende alle wieder zusammen und glücklich sind. Wichtig ist, die Geschichte vor dem Einschlafen zu Ende zu erzählen oder zu spielen, sodass die Spannung nicht allzu lange aufrechterhalten bleibt.
- *Bilder der Steinzeit zeigen oder Geschichten erzählen, sofern Interesse dafür besteht.* Wenn die Kinder die Visualisierungsübung verstehen und bereit sind, sie auszuprobieren, sind solche Bilder hilfreich. Sie können sie erst anschauen, bevor sie visualisieren. Aber wie gesagt, die Mitglieder vom Fußball- oder Volleyball-Team zu visualisieren, hilft meist auch schon. Man könnte sogar ein Spiel daraus machen und die Menschen, die man kennt, einfach einmal »innerlich anschauen«. Die meisten Kinder und Erwachsenen machen dies automatisch – wenn der Name von einem Bekannten genannt wird, »sehen« sie diese Person innerlich.
- *Eine Katze als Haustier halten.* Dies ist sehr hilfreich, wie ich schon häufig hörte.
- *Als Eltern die Visualisierungsübung machen.* Weil die Reaktion des Reptilienhirns ansteckend ist, nützt es oft auch schon, wenn man die Steinzeit-Bilderübungen als Elternteil macht und danach eine Weile ruhig mit dem Kind zu-

sammensitzt. Die »erübte« Ruhe färbt auf die Menschen, die um uns sind, ab.

Angst vor Publikum

Hierbei kann es sich um mehrere verwandte Ängste handeln. Die häufigste ist die Angst, vor anderen Menschen zu sprechen, sei das bei einem Vortrag, einem Meeting im Büro oder in der Schule vor Klassenkameraden. Ebenfalls gut bekannt ist die Angst vor einem Auftritt vor Publikum – im Volksmund Lampenfieber genannt –, mit der sich Musiker, Schauspieler, TV-Kommentatoren und andere plagen. Meiner Erfahrung nach ist bei neunzig Prozent der Fälle das Reptilienhirn die Ursache. So hilft auch hier ein regelmäßiges Üben mit den Höhlenbildern (ab Seite 96) am besten.

Kommunikation mit der Materie

Auch wenn es auf den ersten Blick unglaublich anmutet, geht es im folgenden Abschnitt darum, mit der Materie, mit Gegenständen jeglicher Art und verschiedensten Materialien, Kontakt aufzunehmen. Dieses Thema ist mir persönlich ein großes Anliegen, weil ich in meiner Praxis sehr häufig mit »Unverträglichkeiten« in Bezug auf die Materie konfrontiert werde.

Es ist mir wichtig, noch einmal klar zu erwähnen, dass die materielle und die geistige Welt gleichgestellt sind. In meinen Augen gibt es keinen Unterschied zwischen beiden, da sie aus dem gleichen »Stoff« bestehen, der eine Teil für uns sichtbar, der andere unsichtbar.

Mir begegnen immer wieder Menschen, die schon länger auf dem »spirituellen« Weg sind und dabei versucht haben, die materielle Welt abzulegen. Sie üben einen Geisteszustand, in dem die Materie nicht mehr wichtig ist oder sein sollte. Für mich ist das in der Tat ein Weg, aber man »muss« diesen Weg nicht gehen. Die materiellen Dinge zu lieben, an ihnen zu hängen und sie für sehr wichtig zu halten, das ist für mich genauso spirituell, wie das nicht zu tun. Wenn man die Materie ablehnt, lehnt man automatisch auch sich selbst ab, weil unser Körper ebenso Materie ist.

Ich habe die Materie immer als »strahlend« wahrgenommen, genauso wie alles andere auf diesem Planeten im Übrigen auch. Ich benutze häufig den Vergleich mit dem Sandkasten. Wir Menschen sind schöpferische Wesen und der Planet ist unser Sandkasten, unser Geist kann die tollsten Ideen haben, unser Ego handelt, und zusammen mit der Materie können wir unseren Ideen eine Form geben. Wenn man nun die Kommunikation mit der Materie aufnimmt, wird es dazu kommen, dass man sie als »lebendig« wahrnimmt. Dieser Schritt ist ebenfalls hilfreich, um sich der Materie wieder zu nähern, falls man sich von ihr entfernt fühlt.

Es kann verschiedene Probleme geben, wenn wir die Materie ablehnen. Allergien und Phänomene wie »Elektrosmog«, »Wasseradern« und »Erdstrahlung« gehören in diese Kategorie. Menschen, die davon beeinträchtigt sind, haben eine Art Übersensibilität gegenüber bestimmten Materialien, Gegenständen oder Schwingungen entwickelt und leiden darunter. Am einfachsten und wirkungsvollsten ist natürlich das Vermeiden dessen, was das Problem auslöst. Oft ist dies gut umsetzbar. Was aber können wir machen, wenn die krankmachenden und/oder Schmerz verursachenden Dinge so häufig vorkommen, dass ein Ausweichen unmöglich wird?

Der Lösungsweg, den ich empfehle, ist eine Aussöhnung mit der Materie. Dabei begegnen wir ihr auf eine neue Art: indem wir sie als Bewusstsein sehen, als einen Teil von uns selbst und als etwas, das für uns da ist, zum Genießen, zum Kreieren und um uns eine Menge Spaß zu bereiten. Die Materie hat es prinzipiell nicht auf uns abgesehen. Sie ist weder gut noch böse, sie ist einfach da.

Mit der Materie zu kommunizieren – sogar so weit gehend, dass sie uns auch antwortet –, ist gar nicht so schwierig, wie Sie jetzt vielleicht denken mögen. In meinen Ausbildungskursen gelingt es am Anfang den meisten, und nach einer gewissen Gewöhnung an diese Idee eigentlich fast allen. Wenn es am Anfang nicht richtig klappt, liegt es häufig daran, dass sich die Information nicht übersetzen lässt, dazu braucht man nämlich das Ego. Es kann auch daran liegen, dass man meint, man müsse Bilder sehen oder Stimmen hören oder Ähnliches. Nicht alle Menschen »sehen« oder »hören«, einige »wissen« einfach, und das ist auch gut. Ich gehe davon aus, dass dies jeder Mensch kann, wenn man ihm ausreichend und genau erklärt, wie er es machen soll. Ich versuche in den nächsten Abschnitten diese Vorgänge genau zu erläutern. Dabei gehe ich auch nochmals auf das Thema »Information« ein, da dies die Grundlage zur Kommunikation mit allem ist.

Die Information und ihr Ursprung

Information »sehen«, »fühlen«, »hören« oder »wissen«

Die Information, die hier angesprochen wird, ist unsichtbar, und wir können ihr selbst eine bestimmte Form geben. Man kann es mit dem Malen eines Bildes vergleichen. Wenn ich einen Baum malen möchte, sehe ich diesen Baum vorher als Bild im Kopf. Es könnte aber auch sein, dass ich ihn nicht sehe, sondern irgendwie fühle oder einfach um ihn weiß. Das bedeutet, dass die ursprüngliche Information »Baum« nicht aus Bildern bestehen muss, sondern mich auch als Gefühl oder Wissen erreichen kann. Die Form, in der die Information zu mir kommt, kann verschieden sein, obwohl der Inhalt identisch ist.

In unserer Sprache gibt es neben Hellsehen auch Hellhören, Hellfühlen und Hellwissen. Dies sind verschiedene Begriffe für die unterschiedlichen Arten, Information zu verarbeiten. Beim Hellhören beispielsweise höre ich »Stimmen« oder andere »Leute«. Das bedeutet, dass ich die Information in Töne übersetze. Ich kann aber zu jeder Zeit dieselbe Information in Bilder umsetzen, falls mir Stimmen Angst machen. Wichtig dabei ist aber: Es gibt »da draußen« keine sprechenden Stimmen, sondern nur Information, die wir übersetzen können.

Der Informationsträger ist nicht an Raum und Zeit gebunden

Die räumliche Distanz zur Information spielt keine Rolle

Vor zweihundert Jahren hätte sich dies bestimmt schwieriger erklären lassen als heute, weil wir jetzt mit Technologien arbeiten, die auf dem gleichen Prinzip basieren. Heute können wir mit unserem Computer von unserem Wohnort aus Informationen abrufen, unabhängig davon, ob sich diese in Japan, Australien oder Deutschland befinden. Meistens wissen wir nicht einmal mehr, wo die Information genau herkommt, und wir bemerken keinen Unterschied in der Geschwindigkeit, ob sie nun aus großer Distanz kommt oder gleich von nebenan.

Der Informationsträger ist räumlich nicht fest definiert

Information ist nicht an einem spezifischen Ort abgespeichert, sondern überall vorhanden. Alles kann Informationsträger sein oder auch nicht. Ich nenne den Ursprung der Information »Informationspool«. Diesen können wir ebenso mit dem Internet vergleichen: Wir sehen nicht, wo sich das

Internet befindet, können es aber von überall her benutzen. Die Tatsache, dass Information nicht an ihren Träger gebunden ist, lässt sich leicht nachvollziehen, wenn wir uns überlegen, dass einige Menschen Handlesen können, andere sich dieselbe Information aus der Aura holen, weitere die Tarot-Karten befragen und nochmals andere die Runen. Woraus die Information gezogen wird, hängt von der jeweiligen Glaubensstruktur ab. Technisch gesehen holen diese Menschen die Information mit ihrem Geist aus dem »Informationspool«, projizieren sie beispielsweise in die Tarot-Karten, um sie nachher von dort wieder hervorzuholen. Viele sind sich dessen nicht bewusst, weil sie davon ausgehen, dass die Information an einem fixen Ort abgespeichert ist.

Diese verschiedensten Methoden oder »Orakel« machen es leichter, die Information ablesen zu können. Sie sind sozusagen das Vehikel für die benötigte Information. Viele haben nämlich anfänglich Schwierigkeiten damit, die Information aus dem »Informationspool« zu fischen, weil ihnen eine Interpretationshilfe fehlt. Vergleichbar schwierig wäre es, das Internet ohne Computer – der erst die Information in Buchstaben oder Bilder umsetzt – nutzen zu wollen. Handlesen oder das Tarot erleichtern das Übersetzen, weil man sich an gewisse Richtlinien halten kann. Deswegen sind für mich alle diese Methoden ebenbürtig. Sie sind alle vergleichbar mit Wörterbüchern.

Informationsträger ist nicht gleich Information

Es ist entscheidend, den Informationsträger von der Information zu trennen. Das verleiht dem ganzen Denken eine größere Flexibilität und ermöglicht in bestimmten Situationen einen größeren Handlungsspielraum. Die folgenden zwei Beispiele sollen verdeutlichen, wie wichtig diese Unterscheidung ist.

Information an Örtlichkeiten

Jemand ist in eine neue Wohnung gezogen und fühlt sich dort nicht wohl. Er erfährt nun, dass die vorherigen Mieter sich sehr viel stritten und auch Gewalt im Spiel war. Dieses Wissen macht es ihm nicht leichter, im Gegenteil, er nimmt in der Folge das Belastende noch stärker wahr. Menschen, die sehr sensitiv sind, können sogar Bilder davon empfangen, was sich dort vorher abspielte.

Woher kommt die Information? Man könnte vermuten, sie sei im Haus gespeichert. Aber wo genau im Haus? In den Wänden, im Boden, im Dach? Unser neuer Mieter meint, sie sei in den Wänden eingelagert. Er macht also die Steine zu Informationsträgern und verbindet somit Wand und Information geistig miteinander. Die Information ist aber nicht in den Wänden fixiert. Alles, was jemals irgendwo passiert ist, gerade passiert oder noch passieren wird, ist im unendlich großen Informationspool vorhanden. Von dort kann es aus jeder Distanz jederzeit heruntergeladen, in einem beliebigen Gegenstand abgespeichert und dann wieder herausgelesen werden. Im geschilderten Fall kann sich der Betroffene entweder eine neue Wohnung suchen oder sich bewusst machen, dass die belastende Information nicht wirklich in den Mauern sitzt. Er kann sich einfach eine andere Information aus den Mauern holen. Er hat also die Wahl, wegzuziehen oder sich geistig neu auszurichten.

Information in Körperzellen

Das zweite Beispiel bezieht sich auf die Körperzellen. Auch dort kann man Information herauslesen, die nichts mit der biologischen Funktion der Zelle zu tun hat, und auch dies kann Angst verursachen, weil man sich dem hilflos ausgeliefert fühlt. Wenn man aber weiß, dass die Information nicht in der Zelle sitzt, sondern die Zelle nur als Informationsträger benutzt wurde, muss man sich nicht bemühen, etwas wieder zu »löschen«. Ich habe Menschen kennengelernt, die große Angst hatten, weil sie meinten, bestimmte Probleme nie restlos lösen zu können. Sie gingen davon aus, dass das Problem auch nach einer mentalen Lösung noch in den Zellen abgespeichert sei. Weil sie dachten, keinen Einfluss nehmen zu können, stellten sie sich darauf ein, dass sie das Problem immer haben werden. Und genau das müssen sie nicht.

Die Information ist unabhängig von der Zeit

Informationen über Ereignisse von gestern oder solche, die vor zehn oder vor hundert Jahren geschahen, sind gleichermaßen einfach abzurufen. Was die unsichtbare Information betrifft, gehe ich nicht von einem linearen Zeitmodell aus, sondern von unendlich vielen Möglichkeiten. Dies gilt für die Vergangenheit ebenso wie für die Zukunft. Es ist nicht nötig, dies jetzt genau zu verstehen. Entscheidend ist einfach, dass es hier nicht wichtig ist, ob Ereignisse »wahr« sind oder nicht. Es geht darum, sich in Bezug auf die unterschiedlichen Möglichkeiten freier bewegen zu können.

Die Materie ist »lebendig«

Die drei Ebenen der Materie

Aus meiner Sicht sind alle Dinge »lebendig«. Daher ist mit einem Gegenstand auch eine ausführliche Kommunikation möglich – auf die genau gleiche Art wie mit Geistwesen, Pflanzen und Tieren. Um dies zu verdeutlichen, werde ich zunächst beschreiben, wie ich die Materie einteile. Entstanden ist diese Gliederung aus praktischen Gründen und aus Erfahrungen, die ich mit der Materie gemacht habe. So kam ich auf drei unterschiedliche Ebenen, auf denen ich sie ansprechen kann. Um das zu verdeutlichen, nehme ich im Folgenden als Beispiel einen antiken Kleiderschrank.

Ebene 1

Auf dieser Ebene hat die Materie noch keine Form angenommen. Sie besitzt auch keine Eigenschaften. Den antiken Kleiderschrank gibt es auf dieser Ebene nicht, er ist eins mit allem anderen.

Wenn ich die Materie auf dieser Ebene betrachte, »sehe« ich etwas, das wie eine Art Flüssigkeit in Regenbogenfarben ist. Aber nicht flüssig wie Wasser; es hat eine Konsistenz, die ich mit nichts Bekanntem vergleichen kann – vielleicht am ehesten mit flüssigem Sauerstoff. Wenn ich mein Sehen so umschalte, dass ich dies so wahrnehme, ist nichts mehr auf die Weise zu erkennen, wie wir die Welt normalerweise sehen. Betrachte ich mich dann selbst, ist mein Körper nicht mehr vom Rest der Umgebung zu unterscheiden, außer vielleicht, dass die Farben etwas heller wirken. Dies ist auch so, wenn ich aus dieser Sehweise andere Menschen betrachte. Ich entdecke außer eben vielleicht diesen helleren Farben ebenfalls keinen Unterschied zur Umgebung. Ich sah mir diese Ebene schon oft an, konnte jedoch nie etwas wesentlich Neues entdecken. Das Ganze scheint eine Bewegung in sich zu haben, aber ich kann nicht sagen, welche.

Diese Art zu sehen ist mir vor längerer Zeit eines Tages einfach passiert. Zu Beginn hat es mich halb erschreckt und halb erstaunt. Mit der Zeit lernte ich, dieses Sehen nach Belieben an- und abzustellen. Obwohl es immer gleich aussieht, ist es faszinierend. Länger dauerte es, wirklich zu verstehen, was es bedeuten könnte.

In den Büchern, die ich früher gelesen habe, konnte ich keine Übereinstimmungen mit meiner Wahrnehmung finden. Vor allem weil in älteren Büchern – und in vielen neuen oft immer noch – von Hierarchien die Rede ist. Ich hatte beispielsweise gelesen, dass man zuerst als Stein, dann als Pflanze, danach als Tier und letztlich als Mensch geboren wird, und nicht umgekehrt. Doch dies nahm ich nicht so wahr, jedes Lebewesen sah für mich gleichermaßen »weit entwickelt« aus. Manche Autoren dieser Bücher teilten die Menschen selbst auch ein, einige verfügten über »mehr« Licht, andere über »weniger«. Dies nahm ich ebenfalls nicht so wahr. Solche Äußerungen und Darstellungen schienen mir auch nicht logisch. Da sie meinen Wahrnehmungen widersprachen, begann ich das Ganze weiter zu erforschen. Die Materie interessiert mich dabei besonders, weil sie sehr häufig als Gegenpol des Geistigen dargestellt wird. In vielen Theorien wird die Ansicht vertreten: Wenn man einmal diesen Planeten verlassen hat, dann wird alles besser, dann gibt es keine Materie, keinen Körper und auch kein Leiden mehr …

Schließlich war es die Materie selbst, die mir bei meinem Forschen weiterhalf. Viele Gespräche mit allen Arten von Gegenständen ließen mich verstehen, was es bedeutet, »eins« mit allem zu sein. Es heißt, dass wir unsere Realität selbst erschaffen, dass wir komplett Teil von allem sind, was wir sehen, und dass es keine Trennung zwischen der geistigen und der materiellen Welt gibt. Alles ist mit allem verbunden.

Ich fragte einmal ein Glas, ob es wisse, dass es ein Glas ist. Die Antwort war Ja. Dann wollte ich wissen, ob es auch eine Ahnung habe, was es war, bevor es ein Glas wurde. Auch das wusste es. Kurz gesagt: Das Glas wusste alles. Es wusste über mich und über die ganze Welt Bescheid. Als Vertreter der Materie, die ja überall ist, war das Glas auch überall. Eine andere Frage, die ich ihm stellte, war, ob es auch mit Geistwesen kommunizieren könne. »Ja, klar«, erwiderte es. Weil das Glas eben auch eine Form von Bewusstsein ist, erscheint das logisch. Bevor es existierte, gab es schon die Idee des Glases als »geistige Version«.

Meine heutige Erfahrung ergab sich aus vielen Gesprächen mit allen möglichen Gegenständen. Oft bezogen sie sich auf die Eigenschaften der Materie. Weil wir Schöpfer sind und gleichzeitig eins mit allem, bestimmen wir, was die Materie macht und was nicht. Die Materie hat auf der ersten Ebene eigentlich keine Eigenschaften, weil es das Material oder den Gegenstand noch gar nicht gibt.

Ebene 2

Auf dieser Ebene unterscheide ich zwischen den unterschiedlichen Materialien wie Wasser, Holz, Plastik, Stahl usw. Hier ist der Schrank Holz und/oder Metall, abhängig davon, woraus er gemacht ist. Wenn ich auf dieser Ebene mit dem antiken Schrank spreche, ist es, als ob ich mich mit einem Baum oder mit Holz generell unterhalte.

Ebene 3

Dies ist die Informationsebene. Hier ist der Kleiderschrank nicht nur Holz, sondern mein Schrank, den ich von meiner Großmutter bekommen habe. Wenn ich auf dieser Ebene mit dem Schrank spreche, ist er sich bewusst darüber, dass er mein Schrank ist. Er kennt die Vorgeschichte und alle sonstigen Informationen, nämlich wie meine Großmutter war, wie sie gelebt hat, und er weiß auch alles, was im Haus passiert ist, in dem er gestanden hat.

Die Bedeutung im Alltag

Was bedeutet dies jetzt für unseren Alltag? Die Materie scheint keine Eigenschaften zu haben, bis wir sie beobachten. Die Realität, so wie wir sie – bedingt durch unsere Glaubensstrukturen – kennen und wahrnehmen, existiert so.

Da ich das Wort »Glaubensstruktur« häufig benutze, möchte ich erklärend darauf eingehen: Es geht hier um alles, was wir im Laufe der Zeit an Wissen über die Funktionsweise der Welt und der Menschen angesammelt haben. Manche nennen das auch Lebenserfahrung. Im Allgemeinen wird Lebenserfahrung als etwas sehr Wertvolles geschätzt. Manchmal ist es aber genau diese Lebenserfahrung, die uns davon abhält, die Dinge mal anders zu sehen oder uns Neues zu ermöglichen, etwas, das vorher noch nicht vorgekommen ist.

Für mich gibt es nur eine Botschaft: »Alles ist möglich.« Natürlich kann man immer auf die eigene Erfahrung zurückgreifen, aber möglichst nicht ausschließlich. Wenn die gemachten Erfahrungen gut sind, umso besser. Wenn sie aber schlecht sind, werden sie einen eher daran hindern, etwas Neues auszuprobieren. Glaubensstrukturen sind noch umfassender und gestalten zum Teil tief greifend und nachhaltig unsere Realität. Hier einige Beispiele: »Wenn man mit nassen Haaren nach draußen geht, bekommt man eine Erkältung.« Viele haben das als Kind zu hören bekommen. Aber stimmt das? »Man muss zufrieden sein mit dem, was man hat.« Muss man das? Was ist, wenn man nicht zufrieden ist? Ist man dann undankbar und kann einem dann etwas Schlimmes zustoßen? »Schokolade macht dick!« Trifft das wirklich zu? Für einige sicher, für andere aber nicht. Es ist hilfreich, die Glaubensstrukturen, die man hat, zu kennen. Man muss nicht versuchen, sie zu entfernen, sondern lernen, kreativ damit umzugehen und neue Varianten auszuprobieren.

Vielleicht haben Sie schon von Menschen gehört, die sich am Feuer nicht verbrennen. Für viele ist es nun schwer vorstellbar, das auch zu können. Es ist natürlich ein extremes Beispiel und die meisten würden es deswegen auch nicht versuchen, ich inbegriffen, weil meine Glaubensstruktur, dass mich Feuer verbrennt, auch sehr stark ist. Wichtig dabei ist einfach, zu realisieren, dass man sich verbrennt, weil man diese Glaubensstruktur hat. Wenn ich in meinen Kursen solche Dinge erzähle, kommen sofort die Fragen: Was ist mit Radioaktivität, was ist mit Gift usw.? Bei diesen Dingen verhält es sich genauso wie eben beschrieben. Es gibt Berichte über einzelne Menschen, die sich nicht vergiftet haben oder unbeschadet der Radioaktivität entkommen sind. Auch dies sind zugegebenermaßen Extrembeispiele. Ich erwähne sie nur, weil ich immer danach gefragt werde. Leider entmutigen sie die meisten Menschen, weil sie denken: »Das könnte ich nie!«

Es geht nun nicht darum, dies zu können, sondern zu wissen, dass man immer über Möglichkeiten verfügt, die man vielleicht bis jetzt für nicht wahrscheinlich hielt. Diese extremen Beispiele sind weit entfernt von unserem Alltag, aber sie können dazu dienen, uns aufzuzeigen, was für Möglichkeiten sich für uns auftun. Was habe ich um mich herum, das mir Angst macht? Antennen, Hochspannungsleitungen, genmanipulierte Nahrung usw.? Leide ich unter Elektrosmog? Gibt es bestimmte Stoffe in den Lebensmitteln, die ich schlecht vertrage? Möchte ich etwas ausprobieren, damit ich das alles (wieder) besser vertrage?

Solche Sachverhalte sind für uns wichtig, weil sie Teil unseres Alltags sind. Der Materie als Bewusstsein zu begegnen, sich als Teil von den Dingen zu fühlen, hilft, sie besser zu »vertragen«. Es nimmt einem ein wenig die Angst, und die Symptome oder Allergien können wieder verschwinden. Wenn man die Materie als »schlecht« beurteilt, ist es für mich nicht verwunderlich, dass sie sich auch »schlecht benimmt« und so viele Probleme verursacht.

Ein Beispiel, um die Ebenen zwei und drei noch zu verdeutlichen: Ich brauche einen Glücksbringer. Auf Ebene drei gehe ich in einen Laden und kaufe einen Marienkäfer aus Plastik, auf dem »Glück« geschrieben steht. In diesem Fall ist die Information schon definiert, sie steht ja sogar schon auf dem Gegenstand. Wenn ich aber im Laden keinen Glücksbringer finde, obwohl ich ihn dringend bräuchte, kann ich auch einen Stein vom Straßenrand aufheben und denken: Dieser Stein bringt mir jetzt Glück. Ich spreche damit den Stein auf der Ebene zwei an. Da sich im Stein keine besondere Information befand, habe ich die Information selbst hinzugefügt.

Ich empfehle häufig, eine Mischung der Ebenen zwei und drei zu verwenden. Zum Beispiel trinke ich gern Kaffee, vertrage ihn aber nicht immer sehr gut. Im Kaffee ist schon die Information, dass er wach hält (man redet darüber, im Internet findet man einiges an Beschreibung, was der Kaffee macht …). Ich kann diese Informationen benutzen und zusätzlich noch andere in den Kaffee hineinprojizieren. Da sind die Möglichkeiten grenzenlos. Verträgt man den Kaffee ab und zu nicht gut, lässt sich das dem Kaffee auch mitteilen – bitten Sie ihn darum, dass er daran etwas ändert. Man kann aber auch gute Laune, gute Ideen, gutes Körpergefühl oder alles Mögliche an sonstigen Eigenschaften hineinprojizieren. Hier vermischen sich die Ebenen zwei und drei, das heißt, man benutzt die Information, die sich schon im Produkt befindet, und fügt selbst noch weitere hinzu. Das ist im Alltag sehr hilfreich: Wenn man etwa jeden Tag Medikamente nehmen »muss« und dabei ein unangenehmes Gefühl verspürt, kann man mit dem Medikament sprechen und mit ihm gemeinsam ausprobieren, einen besseren Weg zu finden.

In den folgenden Anleitungen werde ich immer wieder bestimmte Begriffe verwenden, wie geistige Kopie, Information downloaden/herunterladen oder Energiefeld. Was diese Begriffe genau bedeuten, finden Sie im Anhang ausführlich beschrieben.

Kontakt mit der Materie aufnehmen – die ersten Schritte

→ 1. Konzentrationsübungen

Als ersten Schritt empfehle ich allgemein Konzentrationsübungen, um den »inneren Bildschirm« zu trainieren. Eine solche Übung, die ich selbst schon seit Jahren mache, ist die Apfelübung:
Stellen Sie sich einen Apfel vor. Dieser schwebt in einem leeren Raum. Es ist, als ob Sie vor einer riesigen, weißen Leinwand stehen würden. Sie ist so groß, dass Sie nur dieses Weiß sehen und der Apfel sich davor klar abhebt. Er sollte möglichst dreidimensional sein, also nicht flach. Ich persönlich habe den Apfel immer bevorzugt, aber man kann natürlich auch einen anderen Gegenstand nehmen. Entscheidend ist nur, dass er Ihnen sehr gut bekannt ist. Denn einen fremden Gegenstand in Erinnerung rufen zu müssen, wäre ein zusätzlicher Schwierigkeitsgrad, der hier unnötig ist.
Vergrößern Sie nun den Apfel in Gedanken, dass er so groß wird wie vielleicht das Rad eines Fahrrades. Daraufhin verkleinern Sie ihn auf die Größe eines Kirschkerns – möglichst detailgenau. Dies soll nacheinander in Gedanken so geschehen, dass die Bilder fließend wie in einem Film sind, Sie sehen also nicht aufeinander folgende einzelne Bilder.
Begeben Sie sich als Nächstes quasi selbst ins Bild und fliegen Sie um den Apfel herum, ohne die Augen von ihm zu lassen. Tun Sie dies auch kopfüber. Anschließend schauen Sie sich selbst zu, wie Sie um den Apfel fliegen.
Danach betrachten Sie den Apfel in normaler Größe und lassen ihn daraufhin in Gedanken fallen. Er sollte ein Stück weit nach unten fallen und dann schwebend stehen bleiben, weil es im Bild ja keinen

Boden gibt. Beim zweiten Mal sollte der Apfel ein Stück weit nach oben steigen und dann stehen bleiben.
Stellen Sie sich jetzt vor, schwebend vor einem – wieder überdimensional großen – Apfel zu stehen und in Gedanken seine Oberfläche zu berühren. Und stellen Sie sich vor, wie er sich anfühlt. Als Nächstes beißen Sie ein Stück ab und stellen sich vor, wie es schmeckt. Dann wechseln Sie die Farbe des Apfels. Und zwar in eine, die für einen Apfel unmöglich ist, zum Beispiel Blau. Berühren Sie in Gedanken wieder die Oberfläche und versuchen Sie zu spüren, ob der blaue Apfel sich anders anfühlt als der normale grüne oder rote Apfel. Und dann beißen Sie auch von diesem ein Stück ab und stellen fest, wie er schmeckt.
Ich empfehle diese Apfelübung immer als Anfang, und durch zahlreiche Rückmeldungen weiß ich, dass sie von vielen als sehr schwierig empfunden wird. Gefällt Ihnen diese Übung nicht, können Sie natürlich beliebig andere Übungen machen, die auch dazu gedacht sind, die geistige Konzentration zu fördern. ↑

→ *2. Das Ego trainieren*

Im ersten Teil dieses Buches beschrieb ich ausführlich, wie ich das Ego definiere. Es trainieren heißt für mich, in einem Verhältnis von fünfzig zu fünfzig »positiv« und »negativ« zu denken. Das Ego hat eine Meinung über so ziemlich alles, und je schneller man so denken kann, umso besser funktioniert der geistige Informationsempfang. ↑

→ *3. Mit Gegenständen sprechen*

Wie geht das nun vor sich, wenn Sie mit einem Gegenstand sprechen möchten? Als Erstes überlegen Sie sich ein Thema, über das Sie gern etwas wüssten. Das kann alles Erdenkliche sein. Für den Anfang sollten Sie möglichst keine allzu komplexen Sachen erfragen. Nehmen wir hier als Beispiel einen Mikrowellenherd. Lassen Sie sich alles, was Sie schon darüber gehört haben und selbst darüber denken, durch den Kopf gehen, insbesondere die negativen Gedanken, weil diese tendenziell stärker verdrängt sind als die positiven.

Dann strahlen Sie die Mikrowelle mit Liebe an – Sie erinnern sich, der Scheinwerfer im Herzen –, zehn Sekunden reichen. Es ist eine symbolische Aufnahme der Kommunikation, etwa vergleichbar damit, den Telefonhörer in die Hand zu nehmen, bevor man telefoniert. Der Scheinwerfer in Ihrer Herzregion, oder vielleicht auch nur eine Taschenlampe, strahlt Liebe aus. Dieses Licht richten Sie nun auf die Mikrowelle. Viele Menschen können wahrnehmen, dass die Strahlen am Gerät anstoßen. Aber wenn Sie davon nichts merken, macht das nichts. Es ist Übungssache, dies zusätzlich zu spüren.

Nun möchten Sie eine Antwort – zu einer Frage oder ganz allgemein auf Ihr Strahlen –, und das soll die Mikrowelle wissen. Sie kennen bestimmt das Gefühl, wenn das Telefon klingelt, Sie den Hörer abnehmen und Hallo sagen. Nach dem Hallo verspüren Sie eine sehr starke Erwartungshaltung, dass jemand am anderen Ende der Leitung auch etwas sagen wird. Dieses Erwartungsgefühl schicken Sie am Ende des Liebesstrahls an die Mikrowelle. Dann beenden Sie das Anstrahlen und warten auf eine Antwort. ↑

Wie wir von der Materie lernen können

Der Kommunikation mit der Materie sind praktisch keine Grenzen gesetzt. Sie lässt sich in den verschiedensten Alltagssituationen anwenden. Wenn ich Menschen instruiere, mit Gegenständen zu sprechen, beginne ich meist mit den Materialien, die jeder bei sich zu Hause hat und an die wir gewöhnt sind: Wasser, Glas, Plastik und Papier. Diese vier Materialien können sich alle in einer Mineralwasserflasche vereint finden.

Kommunikation mit verschiedenen Materialien und Stoffen

Wasser

Am einfachsten ist es, mit Wasser zu beginnen, da selten eine Ablehnung gegen dieses Element vorhanden ist. Wie Sie zur Materie Kontakt aufnehmen können, habe ich schon im vorherigen Abschnitt beschrieben. Sie können das Wasser bitten, Ihnen Bilder von sich zu zeigen – zum Beispiel Wasserfälle, verschiedene Flüsse oder Seen – und sich in eine andere Sichtweise unserer Welt einführen lassen. Es ist sehr interessant, den Blickwinkel des Wassers kennenzulernen, also beispielsweise zu erfahren, wie Wasser in einem Wasserfall im Vergleich mit Wasser in einem See ist. Sie können aber auch an ein Problem, das Sie beschäftigt, denken und das Wasser dazu befragen.

Von der zweiten Ebene aus gesehen gleicht das Wasser in der Flasche jedem Wasser auf der Erde. Sie müssen sich also nicht zu einem Bach oder zum Meer begeben, wenn Sie mit Wasser arbeiten möchten. Ein Glas Leitungswasser reicht dafür vollkommen aus. Wasser ist interessant, weil unser Körper auch zum größten Teil daraus besteht. Man kann mit Wasser über alles sprechen, was es für uns symbolisiert. Wasser ist Spezialist fürs Fließen, und es wird häufig mit den Gefühlen assoziiert. Haben Sie beispielsweise im Haus Probleme mit dem Wasser, können Sie es dazu befragen. Sie müssen jedoch nach gar nichts fragen. Oder: Wenn Sie zum Beispiel Probleme mit einem bestimmten Gefühl haben, können Sie das Wasser bitten, Ihnen zu helfen, dieses Gefühl wieder zum Fließen zu bringen. Sind Sie kreativ tätig, und es »fließt« nicht so recht, beauftragen Sie das Wasser, Sie zu unterstützen.

Auf der dritten Ebene diskutieren Sie mit dem Wasser über die verschiedenen Marken oder über die Fabrik, in der es abgefüllt wurde.

Es gibt viele Anwendungsbereiche, in denen Wasser Ihnen behilflich sein kann.

Wasseradern

Ich habe schon einige Menschen, für die Wasseradern unter einem Gebäude ein Problem sind, begleitet. Ein Umzug ist in einem solchen Fall natürlich die beste Lösung. Was aber, wenn einem das nicht möglich ist? Die Situationen, die ich angetroffen habe, waren sich meist recht ähnlich: Ein Haus wurde gekauft, aber nach dem Einzug fühlten sich die neuen Besitzer im Gebäude irgendwie nicht wohl, oft berichteten sie auch über Schlafstörungen. Eine gewisse Zeit suchte man nach der Ursache, und weil keine zu finden war, zog man einen Fachmann hinzu, jemanden, der sich auf das Auffinden von »Störzonen« spezialisiert hatte. Durch ihn wurde dann die »Störquelle« entdeckt. Um die möglichen Verbesserungen durchzuführen, die Störzone bzw. deren Wirkung auszumerzen, gab man zum Teil erhebliche Summen aus, danach war jedoch immer noch keine Besserung eingetreten. Zum Teil wurde das Leben sogar noch dadurch erschwert, dass man einige Lieblingsmöbel entsorgen musste und der Fernseher sowie andere Dinge nun auch als schlecht eingestuft worden waren. Man riet zu einem Umzug, was aber mangels Geld oder aufgrund anderer Faktoren überhaupt nicht möglich war. Ich möchte damit nicht sagen, dass derartige Korrekturversuche nicht helfen können. Und natürlich bekomme ich oft nur die Menschen zu Gesicht, die keinen Ausweg mehr fanden, da bei ihnen überhaupt nichts geholfen hat. Ich bearbeite diese Probleme jedenfalls, indem ich mit diesen Menschen eine Annäherung zum Materiellen anbahne.

Der Wassergehalt des menschlichen Körpers liegt bei durchschnittlich etwa siebzig Prozent, abhängig vom Lebensalter. Wieso also sollte Wasser uns etwas antun, wenn wir selbst zu einem solch großen Teil daraus bestehen? Für mich ist das logisch nicht nachvollziehbar. Viele unserer Glaubensstrukturen sind meines Erachtens unlogisch. Wahrscheinlich stammt diese aus einer früheren Zeit, in der es noch keine Heizungen gab und viel Wasser in der Umgebung dazu führen konnte, dass alles zu schimmeln begann und die Menschen dadurch erkrankten. Vermutlich hat sich diese Glaubensstruktur dann in eine allgemeinere Auffassung gewandelt: Die Energie des Wassers ist schlecht.

Während ich mit den Menschen spreche, prüfe ich, welche Glaubensstrukturen bei ihnen vorhanden sind. Im Anschluss erarbeiten wir gemeinsam neue Glaubensstrukturen und üben deren Umsetzung ein. Sind keine hemmenden Glaubensstrukturen, die das Wasser selbst betreffen, vorhanden, empfiehlt es sich, die Gefühlswelt zu betrachten, um dort nach möglichen Ursachen zu forschen. Dies sind die zwei häufigsten Gründe, die Probleme mit dem Wasser erzeugen.

Freiheit ist eine weitere Thematik, die hier zu finden ist. Wasser kann Freiraum symbolisieren, gerade auch, wenn Menschen das Haus als zu große Einengung empfinden.

Unter Berücksichtigung der Tatsache, dass wir selbst zum großen Teil aus Wasser bestehen, kann es sein, dass es sich um eine Form der Selbstbestrafung (für irgendetwas) handelt, wenn Wasser uns etwas antut – mit anderen Worten eine Art Selbstzerstörung. Ich gehe hier nicht weiter darauf ein, weil die Fälle im Detail nicht miteinander vergleichbar sind.

Glas

Glas fühlt sich ganz anders an als Wasser. Es kennt allerdings auch mehrere Zustände – es kann flüssig oder sehr hart sein –, es kann ebenso schneiden, verletzen oder zerbrechen. Über all diese Wesensmerkmale können Sie mit Glas reden. Sehr hilfreich ist es, mit ihm zu sprechen, wenn Sie emotionale Verletzungen erfahren haben, es wird Ihnen dabei noch andere Seiten des Geschehenen aufzeigen.

Im Fall der Wasserflasche hält das Glas das Wasser fest, aber das Wasser fühlt sich deswegen nicht eingesperrt. Fühlen Sie sich in einer bestimmten Situation eingesperrt oder blockiert oder wissen Sie nicht mehr weiter, können Wasser und Glas gute Gesprächspartner sein. Da wir mit Glas Brille, Fernglas und andere Sehhilfen assoziieren, lässt Glas sich in Problemsituationen immer um Klarheit bitten.

Papier

Papier ist nochmals etwas völlig anderes als Glas und Wasser. Papier kann als Kommunikationsspezialist angesehen werden. Es ist auch Informationsträger in Form von Büchern und Zeitungen. So erhalten Sie vom Papier sehr gute Tipps für eine bessere Kommunikation. Ebenso hervorragend ist seine Hilfe bei allem Geschriebenen – etwa bei Rechnungen, Liebesbriefen, Bewerbungen und Steuererklärungen. Es kann zu sehr unterhaltsamen Gesprächen führen, wenn Sie Papier zu dem befragen, was auf ihm geschrieben steht.

Plastik

Plastik ist eines der faszinierendsten Materialien überhaupt. Ich führe mit Plastik häufig Gespräche auf der dritten Ebene. Das heißt, Plastik weiß, was wir über es denken. Immer wieder höre ich von ihm: »Die Menschen meinen, wir seien nicht natürlich. Aber woher kommen wir denn, wenn nicht aus der Natur? Wieso denken sie das eigentlich über uns? Man will uns nicht haben, obwohl wir das Leben so viel einfacher machen. Jeder trägt uns herum, und trotzdem mag man uns nicht.« Plastik ist meiner Erfahrung nach sehr gesprächig, sehr einfallsreich und tatsächlich überall anzutreffen. Wenn Sie einen kreativen Beruf ausüben, kann Plastik für Sie sehr hilfreich sein, sollten Ihnen einmal die Ideen ausgehen. Plastik ist imstande, Ihnen die Inspiration für die nächste Werbekampagne oder das nächste Gemälde zu liefern …

Für die meisten, die diese Übungen machen, ist es nicht einfach, mit allen vier Materialien in gleichem Maße intensiv zu kommunizieren. Es hängt davon ab, wie der generelle Bezug zur Materie oder der spezifische zu den einzelnen Materialien ist. Lehnt man Plastik ab, wird es schwieriger sein, mit ihm zu kommunizieren als mit dem Papier. Dies lässt sich aber ändern. Es reicht, eine neue Einstellung zu finden und sich einfach einmal darauf einzulassen. Um sich zu korrigieren, ist auch kein wochenlanges Arbeiten an sich selbst nötig.

Einkaufen einmal anders

Das Sprechen mit der Materie während eines Einkaufs gibt Ihnen die Möglichkeit, erste Erfahrungen zu sammeln. Folgende Beispiele können Sie als Anregung für vieles Weitere nehmen:

Wollen Sie zu Hause etwas reinigen, etwa eine bestimmte Fläche, können Sie im Laden mit den Putzmitteln sprechen. Sie erklären ihnen in Gedanken, was gemacht werden muss, und fragen sie dann, welches von ihnen für diesen Job am besten geeignet ist. Bei Waschmitteln können sie genauso verfahren. Auch bei Schönheits- und Pflegeprodukten birgt diese Technik interessante Möglichkeiten. Außerdem lassen sich nützliche Informationen hinzufügen, indem Sie zum Beispiel mit dem Shampoo reden und es bitten, die Haare noch geschmeidiger zu machen. Die Möglichkeiten sind hier unendlich vielfältig.

Diese Idee ist in Bezug auf Wasser schon bekannt. Es gibt Menschen, die ein Glas Wasser für etwa dreißig Minuten auf eine Karte stellen, die beispielsweise mit »Liebe« oder »Glück« beschriftet ist. Danach trinken Sie es, mit der Überzeugung, das Wasser enthalte Liebe oder Glück. Sie können diese Methode natürlich ebenfalls bei allen Nahrungsmitteln anwenden. Die Verwendung solcher Karten ist nur eine Möglichkeit – im Prinzip brauchen Sie dem Wasser lediglich mitzuteilen, was es jetzt tun sollte. Genauso verfahren Sie auch mit Kaffee, Tee oder Limonade.

Konservierungsstoffe

Um die Haltbarkeit von Speisen, Kosmetika oder Medikamenten zu verlängern, werden Konservierungsstoffe eingesetzt. Solche Produkte sind meist mit einem Haltbarkeitsdatum versehen, das heißt die Wirkung der Konservierungsstoffe ist ab einem festgesetzten Datum nicht mehr gewährleistet. Schön wär's, wenn wir Menschen es den Konservierungsstoffen gleichtun könnten – etwa auf Glaubensstrukturen bezogen. Doch wir haben Schwierigkeiten, Glaubensstrukturen zu löschen, die uns anerzogen wurden oder die wir uns selbst beigebracht haben. Gäbe es hier ein Haltbarkeitsdatum, wäre es einfacher, die alten Glaubensmuster als abgelaufen zu betrachten und sich neue anzueignen ... So spreche ich viel mit Konservierungsstoffen, da sie mir ein sehr genaues Bild von meinen Glaubensstrukturen vermitteln können. Sie helfen mir darüber hinaus auch beim Konservieren neuer und ebenso beim Bereinigen alter Glaubenssätze. Verstehen Sie mich richtig: Es geht hierbei nicht darum, nun hauptsächlich Produkte mit Konservierungsstoffen zu sich zu nehmen, sondern einfach die Beziehung zu ihnen zu verbessern. Sie können dann immer noch entscheiden, ob Sie solche Produkte essen möchten oder nicht.

Gummibärchen

Gummibärchen verbinden die meisten von uns mit Freude, Spaß oder Festlichkeiten. Geben Sie eine Party und machen Sie sich Sorgen, dass die Stimmung nicht optimal sein könnte? Bitten Sie die Gummibärchen um Hilfe. Diese und auch andere Süßigkeiten, die wir automatisch mit Freude assoziieren, sind sehr gut geeignet, Stimmungen aufzuhellen und Ihnen in anderen schwierigen Situationen zu helfen.

Zucker

Viele Menschen haben ein schwieriges Verhältnis zum Essen und insbesondere zum Zucker. Wir denken, er mache dick und sei nicht gut für den Stoffwechsel. Gleichzeitig spüren wir aber eine Sehnsucht, ihn zu uns zu nehmen. Immer wieder verbieten wir es uns, und irgendwann besitzen wir nicht mehr die Kraft, uns zu beherrschen – und dann essen wir wieder viel zu viel davon.

Ich empfehle, die Kommunikation mit dem Zucker aufzunehmen. Wenn es um Übergewicht geht, habe ich zwar keine allumfassende Lösung. Es ist durchaus möglich, dass es eine körperliche Ursache gibt. Wenn Sie aber zu denjenigen gehören, die immer wieder mit den Kilos kämpfen und beim Essen ständig ein schlechtes Gewissen haben, rate ich Ihnen, einerseits mit dem Essen und andererseits auch mit Ihrem Körper zu kommunizieren. Ebenso von Bedeutung ist es, sich darüber klar zu werden, was Zucker symbolisiert. Setzen Sie sich damit auseinander: Bekommen Sie genug »Zucker«? Wie steht es mit Belohnungen und Genuss? Ich reihe mich hier unter die vielen ein, die überzeugt sind, dass Essen im Übermaß eine Kompensation für etwas ist, das einem fehlt. Ich füge aber den Faktor der Materie hinzu: Sie sollten mehr Vertrauen zur Materie entwickeln und es für möglich halten, diese auch beeinflussen zu können. Wenn Sie sich nämlich dem Essen total ausgeliefert fühlen, dann geht es Ihnen mit Ihrem Körper genauso – von Ebene eins aus gesehen gehört das zusammen. Deswegen: Sprechen Sie mit der Materie über Ihre Ängste und Zweifel, über alles, was Ihnen fehlt, und bitten Sie um Hilfe.

Kommunikation mit Maschinen

Maschinen eignen sich sehr gut als Kommunikationspartner. Es gibt viele Menschen, die mit ihrem Computer oder Drucker reden, wenn diese gerade nicht funktionieren – sie erwarten dann aber meistens keine Antwort. Antennen eignen sich auch sehr gut, wir können von ihnen sehr vieles lernen, insbesondere wenn wir die eigene »Hellsichtigkeit« – oder wie ich es nenne: Informationsverarbeitung – verbessern möchten. Ich habe eine besondere Beziehung zu Antennen, da sie mich sehr viel lehrten. Sie sind spezialisiert darauf, Informationen zu empfangen, zu sortieren und weiterzuleiten. Lange Zeit sah ich sie bewundernd an und wünschte mir, ich könnte das genauso gut wie sie. Ich führte viele Gespräche mit ihnen, und sie zeigten mir auf, was ich verbessern und welche Systeme ich nutzen kann.

Ab und zu arbeite ich mit Kindern, die hellsichtig sind, aber mit den vielen Informationen, die sie empfangen, Schwierigkeiten haben und sich zeitweise etwas darin verlieren. Wenn ich ihnen erkläre, was eine Antenne alles kann, wie sie mit ihr sprechen können und wie sie ihnen hilft, ihr Informationsempfangssystem besser in den Griff zu bekommen, sind sie begeistert. Und sie machen danach große Fortschritte. Kinder haben meistens keine so hohe Hemmschwelle wie Erwachsene, sich mit so etwas wie einer Antenne anzufreunden. Es lohnt sich aber auch für Erwachsene auf jeden Fall, zumindest wenn sie lernen möchten, wie sie besser mit Informationen umgehen können.

Doch nicht nur Antennen, sondern auch verschiedene Maschinen sind über die Jahre hinweg bis heute meine größte Inspiration, wenn ich meine Informationsverarbeitungstechniken verbessere. Ich erinnere mich, als Kind eine Arztserie gesehen und voller Faszination die dort gezeigten Maschinen bewundert zu haben, die körperliche Reaktionen darstellten. Im Nachhinein, wenn ich das jetzt so aufschreibe, wirkt es auf mich ziemlich banal, da es sich einfach um einen Herzmonitor handelte. Aber ich war hin und weg von diesen Linien auf dem Bildschirm. Der Startschuss, alles Mögliche an Information in solche sich bewegenden Linien, kombiniert mit Zahlen, umzusetzen, war gegeben. Die Fernsehserien wurden mit den Jahren komplexer – und meine »Bildgebungsverfahren« auch. Viele Menschen denken, dass das Fernsehen einem die Fantasie nimmt und dass es für Kinder nicht gut sei. Ich kann dazu nur sagen, dass der Fernseher erheblich dazu beigetragen hat, dass ich meine Information so organisieren kann, wie ich es heute tue. Er ermöglichte mir, meine Systeme so zu entwickeln, wie sie heute sind. Ich hätte in meinem Umfeld sonst keinen Zugang zu diesen Technologien gehabt. So faszinierte mich auch das Radarsystem bei Flugzeugen und Schiffen. Dieses Prinzip half mir, Schwingungen besser zu verstehen.

In vielen spirituellen Büchern wird die moderne, von Menschen gemachte Technologie als schlecht hingestellt. Für mich sind es Formen von Bewusstsein. Und mir haben sie immer geholfen. Hier kommen wir wieder in den Möglichkeitsraum: Der Fernseher kann schlecht sein, aber er kann genauso auch gut sein – wie alles. Es ist nicht der Fernseher selbst, der einem die Fantasie nimmt oder die Intelligenz verringert, sondern die Beziehung, die man zu dem Gerät hat.

Computer

Sie kennen sicher auch Menschen oder hörten von solchen, die Mühe mit Geräten haben, egal, ob es sich dabei um den DVD-Recorder, das Handy oder den Computer und seinen Internetzugang handelt. Diese Leute bekunden häufig Schwierigkeiten mit aller Art moderner Technologien und/oder haben Angst vor diesen. Ratsam wäre in solchen Fällen, wenn sie die Kommunikation mit ihrem Computer, Drucker oder Modem ausprobieren würden. Ich spreche sehr viel mit meinem Computer; es geht dabei hauptsächlich um das Internet und die moderne Informationstechnologie, da ich immer auf der Suche bin, Neues und Interessantes dazulernen zu können. Die Faszination, dass wir alle miteinander über das Internet verbunden sind und der Informationsaustausch noch nie so einfach war, ist für mich spürbar. Man kann das Internet gut mit den geistigen Verbindungen vergleichen, die wir untereinander haben. Wir sind, wie schon erwähnt, alle an einen »geistigen Informationspool« angeschlossen, und dieser ist nicht an einen bestimmten Ort gebunden, sondern überall. Die meisten Kinder zeigen Interesse an Computern und besitzen ein Grundverständnis der Funktionsweise, sodass es für mich bei der Arbeit mit Kindern relativ leicht ist, ihnen den ganzen Bereich der Hellsichtigkeit zu erklären.

Das häufigste Problem bei hellsichtiger Wahrnehmung ist ein nicht gesteuerter Informationsfluss. Man erhält zu viel Information, die man nicht verarbeiten kann und »ertrinkt« darin. Baut man eine Art Filter ein, passiert das nicht. Das funktioniert folgendermaßen: Man gibt sich selbst Stichworte, und je genauer man das macht, desto weniger Informationsmenge erhält man und desto weniger wird man davon überwältigt. Eigentlich handelt es sich hierbei um das gleiche Prinzip wie bei der Bedienung der Internet-Suchmaschinen.

Elektrosmog

Was können Sie tun, wenn Sie unter Elektrosmog leiden? Hier schließe ich direkt an das eben Gesagte über Antennen und Maschinen an, denn das Vorgehen ist analog. Zuerst hängt es natürlich davon ab, wie stark Sie leiden. Wenn der Leidensdruck sehr groß ist, können »geistige« Übungen eine zu große Belastung sein. Schauen Sie also, ob es für Sie im Moment möglich ist, sich auf eine etwas exotischere Methode einzulassen. Der Systematik des vorherigen Kapitels folgend, kümmern Sie sich zunächst um Ihre Glaubensstrukturen in Bezug auf Antennen, Sendemasten oder sonstige Geräte, auf die Sie reagieren. Nicht immer liegt dem Problem Elektrosmog eine Ablehnung der Materie zugrunde, allerdings ist das sehr häufig der Fall.

Gehen wir von dem Fall aus, dass es ein Problem mit der Materie gibt, kann man die betreffenden Menschen bzw. ihre Glaubensstrukturen in zwei große Gruppen unterteilen. Die erste Gruppe lehnt das Materielle ab. Bei einigen der Betroffenen betrifft das ausschließlich die Mobilfunksender, bei anderen zusätzlich noch andere Dinge wie Geräte, Maschinen – überhaupt neue Technologien oder manchmal sogar die gesamte Materie. Die zweite Gruppe hat ein Problem mit der Kommunikation. Mobiltelefone wurden dafür geschaffen, um miteinander zu sprechen, sie verbinden uns alle.

Wenn man nun sehr damit beschäftigt ist, sich geistig zu schützen und zu trennen, kann es mit diesen Geräten einen Konflikt geben, weil diese Kommunikation und Verbindung symbolisieren. Es können auch persönliche, emotionale Enttäuschungen dahinterstecken – beispielsweise das Ausgeschlossenwerden aus einer Gruppe –, die dann dazu führen, dass man viele andere Menschen ablehnt.

Denken Sie als Funkbeeinträchtigter also über Ihre Glaubensstrukturen nach und entscheiden Sie, ob Sie diese einer der beiden Kategorien zuordnen können. Wenn Sie es nicht wissen, überspringen Sie diesen Schritt einfach, da ein Fortfahren auch möglich ist, ohne es zu wissen. Ich gehe davon aus, dass man nicht unbedingt etwas »lösen« muss, um ein Resultat zu erhalten. Manchmal ist es schon ausreichend, sich seiner Gedanken bewusst zu werden und dem, was dahintersteckt, mehr Raum zu geben.

Der nächste Schritt ist die Kontaktaufnahme mit dem Gerät, das das Problem auslöst. Möchten Sie mit einer Sendestation reden, sehen aber gerade keine, wenn Sie aus dem Fenster schauen, nehmen Sie eine Abbildung davon (beispielsweise aus dem Internet). Auch Ihr Telefon kann als Ersatz dienen. Wie Sie die Kommunikation aufnehmen, habe ich im vorherigen Abschnitt beschrieben. In diesem Fall geht es nicht um Kommunikation aus Neugier oder aus Spaß, sondern darum, die Beziehung zu einem Gegenstand zu verbessern. Im Fall der Sendeanlage können Sie beginnen, ihr einfach einmal alles mitzuteilen, was Ihnen einfällt. Wie schon erwähnt, erfolgt die Kommunikation über die Gedanken. Erzählen Sie ihr also in Gedanken von Ihrem Leiden, berichten Sie ihr von Ihrer Angst. Am Schluss können Sie ihr Folgendes sagen: Sie möchten, dass sie Ihnen hilft, gemeinsam einen besseren Weg des Miteinander zu finden. Übt man die Kommunikation auf diese Art, kann es eine Weile dauern, bevor man wirklich das Gefühl hat, eine Antwort zu bekommen. Es ist typisch, wenn man denkt, man würde sich das alles nur einbilden. Doch das macht nichts, Sie können Ihrem Ego zuliebe das Ganze als Fantasie hinstellen. Schauen Sie einfach, ob Ihnen das hilft oder nicht.

Ist die Materie generell ein Problem, so erscheint es sinnvoll, auch mit anderen Gegenständen, die Sie nicht mögen, die Gesprächsaufnahme zu versuchen. Wenn Kommunikation bei Ihnen an sich ein Problem ist, können Sie die Geräte um Hilfestellung und Unterstützung bitten. Sehr sensible Menschen nehmen häufig vieles von ihren Mitmenschen wahr – zum Beispiel momentane Schmerzen, Gefühle oder Gedanken –, können aber schlecht damit umgehen. Der Lösungsversuch besteht dann oft darin, sich von anderen fernzuhalten, sich emotional zu verschließen oder – wie es gern heißt – abzugrenzen. Viele sensible Menschen leben in einer sozialen Isolation. Antennen sind spezialisiert auf das Sortieren von Informationen, deswegen: Zögern Sie nicht, sie um Hilfe zu bitten, falls Sie zu den eben angesprochenen Personen gehören sollten.

Es ist in diesem Zusammenhang auch immer eine Überlegung wert, wie Ihr Weltbild generell aussieht. Leben Sie in einem wohlwollenden Universum, das Ihnen immer versucht zu helfen, oder leben Sie in einem strafenden Universum?

Kommunikation mit Geld

Geld gehört zur Materie und ist ein Thema, das die Menschen sehr interessiert, aber auch für so manches Problem sorgt. Es herrschen sehr viele unterschiedliche Glaubensstrukturen zu diesem Thema. Viele Menschen bitten mich immer wieder um praktische Übungen, mit denen sie ihre Beziehung zum Geld verbessern können. Auch Übungen, den eigenen Glaubensstrukturen bezüglich des Geldes auf die Schliche zu kommen, sind sehr gefragt. So will ich hier einige Möglichkeiten aufzeigen.

Sie können eine Münze oder einen Geldschein vor sich auf den Tisch legen, sie einfach einmal mit Liebe anstrahlen und fragen, ob sie einen Vorschlag für Sie haben. Was auch hilfreich ist, sind Visualisierungsübungen, in denen das Geld in den inneren Bildern eine aktive Rolle übernimmt.

→ *Übung mit Münzen*

Stellen Sie sich vor, dass Sie zusammen mit Münzen an einem großen Tisch versammelt sind. Um Sie herum sitzen die Münzen wie Sie auf Stühlen, und alle sprechen miteinander. Die Münzen haben smiley-artige Gesichter. Schauen Sie, ob die Münzen gut gelaunt sind oder nicht, ob sie Sie ins Gespräch mit einbeziehen oder Sie eher ignorieren. So wie die Münzen sich Ihnen gegenüber am Tisch verhalten, gestaltet sich auch Ihre Beziehung zum Geld. Falls es sich anfühlt, als ob Sie mit Ihren besten Freunden zusammensitzen und eine Menge Spaß haben, ist es gut. Falls dem nicht so ist, können Sie diese Visualisierung so häufig üben, bis es sich gut anfühlt. Einige Male pro Woche können es schon sein. ↑

→ Übung mit Geldscheinen

Hierbei stellen Sie sich die Geldscheine als lebendige Wesen vor – mit Armen und Beinen, das Gesicht ist der obere Teil des Scheins. Sie machen mit einer großen Gruppe von Geldscheinen einen Spaziergang durch den Wald. Schauen Sie auch hier, wie die Scheine sich Ihnen gegenüber verhalten: Sind sie wie beste Freunde oder sind sie eher distanziert?
Plötzlich kommt ein Sturm auf. Schauen Sie, was mit den Scheinen passiert. Werden sie alle vom Wind weggeblasen oder sind sie stark genug? Halten sie sich an Ihnen fest? Es könnte ja sein, dass alles fest an Ihnen haftet. Zusätzlich können die Geldscheine auch anfangen, sich selbst zu verdoppeln, sodass es ganz viele werden. Diese Visualisierungsübung wiederholen Sie, bis Sie keine unangenehmen Aspekte mehr aufweist und alles ideal läuft. ↑

→ Übung mit einer bestimmten Geldsumme

Weil wir Geld physisch kaum noch in größeren Mengen zu sehen bekommen, ist es auch gut, wenn Sie sich ein Bild von einer größeren Summe machen können. Wie viel ist eine Million? Wie viel sind Hunderttausend? Die Zahlen auf Ihrem Kontoauszug sagen zwar, wie viel Geld Sie besitzen, aber es sind bloß Zahlen. Sehen können Sie das Geld nicht. Sie wissen auch gar nicht, wo es sich befindet. Früher hatten die Menschen Gold oder ihre Wertsachen bei sich zu Hause, heute ist Geld meist nur digitalisiert und virtuell vorhanden. Oft wird es auch mit Energie verglichen. Das passt, weil wir von Energie zwar wissen, dass sie da ist, sie aber oft nicht sehen können.
Visualisieren Sie also eine Energiewolke, die in der Luft schwebt. Sie können zur Anschauung eine echte Wolke nehmen. Auf diese Ener-

giewolke ist eine bestimmte Zahl geschrieben, die besagt, wie viel Geld Sie haben – wählen Sie selbst eine Zahl. Diese Wolke symbolisiert das Geld auf der Bank. Die Wolke kann sich auch bewegen. Manchmal entfernt sie sich von Ihnen, manchmal ist sie ganz nah. Aber sie ist immer irgendwo in Ihrer Nähe, sehr ruhig und eine friedliche Kraft ausstrahlend. Sie können der Wolke auch eine Farbe geben, die Ihnen angenehm erscheint. ↑

Geld ist wie gesagt für viele ein schwieriges Thema, und es ist mir hier ein Anliegen, Ihnen zu sagen, dass es auch in diesem Bereich eigentlich keine Regeln gibt. Manche Menschen halten beim Thema Geld nur bestimmte Dinge für möglich, weil Sie zum Beispiel an das »Resonanzgesetz« – auch als das »Gesetz der Anziehung« oder das »Gesetz der Fülle« bekannt – glauben. Gesetze sind nur Möglichkeiten und nicht in Stein gemeißelt, sie sind nicht unüberwindbar. Alle Glaubensstrukturen stimmen an sich, wichtig ist, ob man dazu imstande ist, sie anzuwenden. Wenn Sie es nicht sind, brauchen Sie einfach andere Gesetze, die besser zu Ihnen passen.

Das Resonanzgesetz ist zum Beispiel gut geeignet, wenn Sie zu wenig Geld haben und nach einigen Übungen das Gefühl in sich wecken können, dass Sie reich sind. Aber bei Menschen, die von Natur aus sehr realitätsnah denken, wird das meistens nicht funktionieren. Je mehr sie sich einzureden oder vorzustellen versuchen, dass sie viel Geld haben, desto lauter wird die Stimme ihres Egos zu vernehmen sein, die ihnen sagen wird, dass sie keins haben. Wenn man nur das Resonanzgesetz als mögliche Glaubensstruktur in sich trägt, ist man hierbei aufgeschmissen, weil man keine Alternative hat.

In einem solchen Fall können Sie einfach der alten eine neue Glaubensstruktur hinzufügen – und zwar unter dem Stichwort »Möglichkeit«. Dann denken Sie: Das Gesetz der Resonanz ist die eine Möglichkeit, eine andere Möglichkeit ist aber, dass sich – obwohl ich im Mangeldenken bin – im Außen trotzdem die Fülle auszubreiten beginnt. Es braucht nicht mehr als das. Sie distanzieren sich ein wenig vom Resonanzgesetz, das Sie übrigens in anderen Bereichen Ihres Lebens, die gut funktionieren, weiter benutzen können.

Von der geistigen Perspektive aus gesehen, sind Mangel und Fülle beide gleichermaßen göttlich, deswegen können beide ganz tolle Situationen anziehen. Leitmotiv sollte für Sie sein: Alles, was ich bin und denke, ist perfekt. Wenn ich jetzt eben ein bisschen zu viel im Mangeldenken bin, ist auch dies perfekt. Es steht mir nicht im Weg, trotzdem Fülle zu erhalten. Sie erlauben dem Universum auf diese Weise, mehr Möglichkeiten zu zeigen als vorher. So lässt sich das Problem mit dem Mangel- und Fülle-Denken lösen.

Partnerübungen mit der Materie

Man kann wahrnehmen, wie sehr jemand seine eigene Materie liebt. Für mich ist das als eine Art Strahlung sichtbar, die von den Gegenständen, die jemand besitzt, ausgeht. Fast alle Menschen machten schon einmal die Erfahrung, vor einem Schaufenster gestanden und sich plötzlich in einen Gegenstand oder ein Kleidungsstück der Auslage »verliebt« zu haben. Ich nehme hier als einfaches Beispiel eine Handtasche. Man kauft sie, findet sie wunderschön, und interessanterweise bemerkt der Freundeskreis diese Tasche sofort.

Sie fällt irgendwie gleich auf und das, obwohl sie vielleicht nicht einmal ausgefallen aussieht. Für mich »strahlt« eine solche Tasche einfach stärker als die anderen Dinge, die derjenige trägt. Ideal ist es also, sich nur mit Dingen zu bekleiden, die einem selbst richtig gut gefallen, und alles, was man nicht schön findet, wegzulassen. Auch wenn man wenig Geld zur Verfügung hat, ist dies heutzutage möglich, es erfordert vielleicht ein bisschen mehr Aufwand.

Um die Übung durchzuführen, setzen Sie sich mit jemandem zusammen. Wählen Sie ein Kleidungsstück aus, das Sie besonders lieben und gerade tragen. Es darf auch eine Uhr sein, die Ohrringe oder etwas anderes, Bedingung ist nur, dass Sie es während der Übung tragen. Ihr Übungspartner stellt sich jetzt vor, wie dieses Kleidungsstück Licht ausstrahlt. Einige werden dies irgendwie »sehen« können, andere wissen oder spüren es. Danach vergleicht Ihr Partner die Strahlung der anderen Teile Ihrer Bekleidung und des Schmucks mit der Ihres Lieblingsstücks. Er kann Ihnen mitteilen, was er für Informationen erhalten hat, etwa: »Du liebst diese Hose mehr als den Pullover, den du trägst.« Oder: »Dieses Hemd strahlt überhaupt nicht, diese Uhr strahlt ein bisschen« und so weiter. Diese Übung ist sehr interessant, weil die meisten auf Anhieb »Erfolg« haben. Wir nehmen diese Sachen im Alltag auch wahr, sind uns dessen aber nicht so bewusst. Die Wahrnehmung der Strahlung beim anderen ist unabhängig vom eigenen Geschmack. Wir können sehen, dass jemand etwas sehr liebt, obwohl es uns selbst vielleicht nicht gefällt.

Wenn wir uns also mehr mit der Liebe zu materiellen Dingen beschäftigen, wird es noch einfacher werden, mit diesen zu kommunizieren. Dies bringt auch einen schönen Nebeneffekt: Wir erhalten eine bessere Ausstrahlung. Sie kennen alle diese Menschen, die einfach sofort wahrgenommen werden, wenn sie einen Raum betreten. Diese Menschen lieben ihre Materie, deswegen können sie diesen Raum viel einfacher für sich einnehmen, ohne sich dabei schlecht zu fühlen. Es gibt natürlich noch andere Faktoren, die sich auf die Ausstrahlung auswirken, aber die Materie hat einen großen Anteil daran.

Kommunikation mit Gebäuden und Ortschaften

Wie lässt sich mit Häusern oder Ortschaften kommunizieren? Viele Menschen nehmen in Gebäuden frühere Geschehnisse wahr oder fühlen sich einfach nicht wohl in einem bestimmten Haus. Ist es möglich, dieses Gebäude oder diesen Ort zu meiden, entwickelt sich kein Problem daraus. Anders ist das aber, wenn es sich beispielsweise um den Arbeitsplatz handelt oder wenn wir plötzlich am Urlaubsort von schlechten Gefühlen oder unangenehmen Bildern heimgesucht werden. Einige Maßnahmen, die wir zunächst treffen können, um uns an einem Ort besser zu fühlen, betreffen das Energiefeld. Das ist ausführlich in Anhang 1 beschrieben, es geht darin zum Beispiel um das Ausdehnen des eigenen Energiefeldes.

Allgemein lässt sich sagen, dass es keine Rolle spielt, ob man den Grund kennt, weshalb man sich in einem Gebäude schlecht fühlt. Sicher gibt es verschiedene mögliche Erklärungen: Vielleicht erinnert einen das Gebäude an ein anderes, in dem man unangenehme Erfahrungen machte, vielleicht gefällt einem der Baustil nicht usw. Die meisten Menschen, die so etwas erleben und meine Hilfe in Anspruch nehmen, wissen nicht, woran es liegen könnte. Da der Mensch ein Kausalitätsbedürfnis hat, denken viele, dass die Energie dieses Ortes »schlecht« sein müsse. Einige behelfen sich beispielsweise mit Kristallen, aber auch die helfen nicht immer.

Wie Sie inzwischen wissen, geht es bei Bildern und/oder Gefühlen, die jemand wahrnimmt, um unsichtbare Information, und diese Art Information ist nicht an einen bestimmten Ort gebunden. Sinnvoll und nützlich ist es nun, andersartige Informationen aus dem Möglichkeitsraum »herunterzuladen« als die, die bis jetzt spürbar war (mehr zum Herunterladen von Information in Anhang 3). Hier unterscheide ich zwischen zwei Typen von Informationen, die Probleme verursachen können, eine Kategorie ist das Material, die zweite sind sogenannte Geistwesen.

Zur Verdeutlichung möchte ich das Beispiel einer Frau anbringen, die wegen Problemen mit einem Material zu mir kam. Die Firma, in der die Frau arbeitete, hatte sich vergrößert, deshalb musste die Belegschaft umziehen. Bei dem neuen Gebäude handelt es sich um einen Betonklotz in einem Industriegebiet. Vorher arbeiteten sie in einem in der Stadt gelegenen Büro in einem eher älteren Haus, es gab viele Holzelemente und einen Garten. Diese Frau nun fühlte sich in dem neuen Haus überhaupt nicht wohl, sie hatte hauptsächlich ein Problem mit dem Beton – sie besaß viele ungünstige Glaubensstrukturen bezüglich dieses Materials. Ich habe ihr nun erzählt, wie ich die Materie wahrnehme, nämlich als lebendig, und nicht nur die sogenannten natürlichen Materialien, sondern alle Arten von Materie. Im Anschluss begleitete ich sie bei der Kommunikation mit der Materie.

Wir begannen nicht gleich mit dem Beton, sondern widmeten uns zunächst Wasser, Glas und Plastik. Als ihr dann schließlich ihre Glaubensstrukturen bezüglich Beton vertrauter geworden waren, war sie auch in der Lage, mit ihm zu kommunizieren. Ihre Vorbehalte lockerten sich. Nun ging es darum, dass sie selbst ein energetisches Feld herstellte. Das heißt, sie »lud« eine bestimmte Energie »herunter«, mit der sie anschließend den Raum füllte. Für diese Übung schlug ich ihr die Energie von Orangen vor. (Wenn Sie diese Übung für sich durchführen, können Sie natürlich die Energie nehmen, die Sie als angenehm empfinden, so etwa jene von Gummibärchen oder anderen Süßigkeiten, aber auch die eines Lieblingsbaumes, eines Wasserfalls oder die irgendeines Gegenstandes, den Sie besonders mögen.) Es ging bei dieser Frau darum, dass sie selbst aktiv wurde, um dadurch der Energie, die sie bis dahin als unangenehm wahrgenommen hatte, nicht mehr ausgeliefert zu sein. So wurde es ihr möglich, selbst zu bestimmen, was sie mochte und was nicht und womit sie sich umgab. Mit der Zeit lernte sie dann, ihren Arbeitsplatz mit allen möglichen Energien aufzufüllen, die ihr einfielen. Dies diente nur dazu, etwas herumzuprobieren und Spaß zu haben. Das Gute war, dass der Beton sie auch dabei unterstützen konnte, mit den unterschiedlichen Energiefeldern zu jonglieren, weil sie gelernt hatte, mit ihm zu kommunizieren.

Kurz zusammengefasst waren hier also drei Schritte erforderlich: Erstens das Erkennen der eigenen Glaubensstrukturen bezüglich Beton, zweitens die Kommunikation mit dem Beton und drittens die Veränderung des als belastend wahrgenommen Energiefeldes am Arbeitsplatz.

Nun möchte ich auf die zweite Kategorie eingehen: wenn man Geistwesen an bestimmten Orten spürt und sich von ihnen gestört fühlt. Solche Situationen können vor allem nach einem privaten Umzug ein Thema werden. Neben einem

Wohnungswechsel können auch bestimmte Feriendomizile Auslöser sein. Auch hierzu möchte ich wieder ein Beispiel nennen: Eine Frau berichtete mir in meiner Praxis, dass sie in Ägypten gewesen sei und dort auf einem bestimmten Berg eine sehr intensive Erfahrung mit einem Geistwesen machte. Seit diesem Erlebnis habe sie eine große Empfindlichkeit gegenüber gewissen Orten entwickelt. Außerdem habe sie jetzt das Gefühl, von diesem Geistwesen verfolgt zu werden. Sie könne in keine Kirche, kein Museum und keine Gedenkstätte mehr gehen, weil sie dort schreckliche Bilder von Kriegen und anderen Dingen sehe. Sie ahnen vielleicht inzwischen schon, in welche Richtung mein Lösungsvorschlag ging. Natürlich sind wir als Erstes wieder beim Thema der Information und dabei, dass diese nicht an Raum und Zeit gebunden ist. Ich erzählte ihr davon, dass wir Menschen meistens das Erstbeste »herunterladen«, womit wir einen Ort assoziieren. (Wenn ich zum Beispiel ein mittelalterliches Schloss besuche, kann ich mir Bilder und Geistwesen aus dem Mittelalter herunterladen und mit diesen kommunizieren, aber ich kann auch etwas völlig anderes wählen. Da ich die Freiheit habe, mich zu entscheiden, was ich mir herunterlade, beeinflusse ich natürlich auch selbst, ob das erfreuliche Bilder sind.) Im Fall dieser Frau war das Problem sehr belastend, weil es ihr vom Urlaubsort nach Hause gefolgt war. Die Arbeit bestand hierbei darin, in Gedanken zu diesem Berg zurückzugehen und dieselbe Information, die sie dort bekommen hatte, noch einmal herunterzuladen, nur mit dem Unterschied, anschließend noch viel mehr Informationen zu sammeln: Informationen, die sie mit diesem Land und seiner Kultur assoziierte und mochte. Auch hier war das Ziel, dass sie verstand, dass sie die Information, die sie bekommt, selbst bestimmen und beliebig verändern kann.

Auch wenn man keine spezifischen Probleme hat, kann das Herstellen von energetischen Feldern sehr viel Spaß machen. Stellen Sie sich vor, Sie können Ihr Wohnzimmer mit einer beliebigen Energie auffüllen. Haben Sie zum Beispiel Interesse an bestimmten Kraftorten, fehlt Ihnen aber die Möglichkeit, dorthin zu reisen? Sie können diese Energie in Ihrem Wohnzimmer verbreiten und dann mit ihr arbeiten, meditieren oder sie einfach nur genießen. Wenn Sie für eine Prüfung lernen, können Sie eine »Lernenergie« herunterladen. Dazu müssen Sie nicht genau wissen, was das ist oder woher sie kommt, geben Sie einfach in Ihre geistige Suchmaschine ein: Energie, die mich jetzt besonders gut beim Lernen unterstützt – das ist alles (die genaue Anleitung folgt in Anhang 3).

Die Kommunikation in der Natur

Selbstverständlich lässt sich auch mit natürlichen Dingen wie Bäumen und Blumen kommunizieren. Mit Pflanzen zu sprechen ist allgemein verbreiteter, als sich mit Mikrowellen, Handys und dergleichen zu unterhalten. In meinen Kursen sprechen wir mit allem Möglichen, da es vor allem darum geht, das eigene Spektrum der Wahrnehmung zu erweitern und sich der Einheit aller Dinge stärker bewusst zu werden.

Bäume, Elfen und Feen

Bäume haben mich schon immer fasziniert. In vielen Märchen sind sie lebendig, und oft bewegen sie sich, wenn man nicht hinschaut. Es gibt viele Geschichten über verwunschene

Zauberwälder, in denen alles lebt und spricht, die bevölkert sind von Feen und Elfen, welche sich aber vor den Menschen scheuen. Nun, man kann nur sehen, was man sich erlaubt zu sehen. So wird man die Feen, Elfen und Naturwesen nicht erblicken können, wenn man denkt, dass sie sich vor Menschen fürchten, oder dass sie verschwunden sind, weil die Natur zubetoniert worden ist. Auch die Materialien, die zum Bauen benutzt werden, kommen wiederum aus der Natur, und auch sie sind genauso mit allen möglichen Wesen bevölkert wie der Zauberwald aus den Märchen.

Mein großes Glück ist es vielleicht, immer alles angezweifelt zu haben. Ich sah die sogenannten Zauberwesen in der freien Natur ebenso wie in der Stadt. Irgendwie dachte ich erst auch, dass in einer Stadt bezüglich Naturwesen nicht viel los sei. Gleichzeitig zweifelte ich aber daran, weil es mir nicht logisch schien. Bäume gibt es auch in einer Stadt – in Parks oder vereinzelt. Ein Baum, den ich einmal dazu befragte, fand die Unterstellung, er würde sich in der Stadt weniger wohlfühlen, erst einmal nicht so toll. Er erzählte mir daraufhin, was er so alles macht und beobachtet. Bäume überraschten mich häufig mit ihren interessanten Kommentaren über die politischen und sozialen Strukturen der Gesellschaft.

Wenn Sie Schwierigkeiten mit der Verwurzelung haben, können Sie mit Bäumen darüber reden. Sind Sie neu an einen Ort gezogen, können Sie sich Wurzeln »ausleihen«. Einfach gesagt, geht das so: Sie suchen sich einen Baum aus, der Ihnen gefällt. Sie teilen ihm in Gedanken mit, dass Sie sich am neuen Ort noch nicht zu Hause fühlen und fragen, ob er Ihnen vielleicht ein wenig von seinem Wurzelgefühl überlassen kann. Etwas technisch ausgedrückt: Sie »downloaden« das Zuhause-Gefühl des Baumes. Wie dieses Herunterladen generell funktioniert, ist in Anhang 3 beschrieben.

Mit Bäumen lässt sich auch sehr gut über Standorte reden, weil sie auf diesem Gebiet Spezialisten sind. Hat jemand eine Allergie auf Nüsse oder Obst entwickelt, besteht die Möglichkeit, dass der Betroffene Probleme mit seinem Standort hat. Ein Standort kann der Ort sein, an dem er tatsächlich wohnt. Es ist aber auch eine symbolische Bedeutung denkbar: Der Betroffene hat vielleicht bestimmte Ziele, die ihm sehr wichtig waren, aufgegeben. Bei Allergien sehe ich mir zwar immer den Einzelfall an, doch dass die Ursache tatsächlich das Standortproblem ist, war für mich schon mehrfach zu beobachten.

Sie können auch geistige Reisen zu einem Baum irgendwo in der Welt unternehmen und ihn fragen, was denn dort so läuft. Zu Beginn jeglicher Kommunikation finde ich es wichtig, über amüsante Themen zu reden. Wenn Sie sich dann an diese Art des Austauschs gewöhnt haben, können Sie auch »spirituelle« Themen ansprechen, aber so lange würde ich warten.

Viele Menschen sind an einer Kommunikation mit Elfen und Feen interessiert. Das größte Problem ist dabei für die meisten, dass sie nicht wissen, wo sich diese Wesen befinden. Die gute Nachricht ist: Man muss das gar nicht so genau wissen, wenn man mit ihnen kommunizieren will. Da von der geistigen Ebene aus gesehen Raum nicht existent ist, kann man sich geistig einfach dorthin denken (siehe Anhang 2), wo es Elfen oder Feen gibt, und die Kommunikation mit ihnen üben. Wenn man sich ein wenig an diese Wesen gewöhnt hat, fügt man die Raumperspektive hinzu, indem man diese Wesen bittet, zu einem ins Wohnzimmer oder in den Garten zu kommen.

Gemüse und Früchte

Wenn Menschen mit Pflanzen reden, bleibt das Gemüse leider meist außen vor. Ich kann Ihnen nur empfehlen, auch das Gemüse mit in den Kreis Ihrer Kommunikationspartner aufzunehmen. Versuchen Sie zum Beispiel Ihr Energiefeld mit Kartoffelenergie aufzufüllen. Stellen Sie sich einen sehr kalten Winter vor. Sie sitzen vor einem Kamin, in dem das Feuer prasselt und eine angenehme Wärme verbreitet. Es gibt ein sehr gutes Essen mit einem Glas Wein. Dieses Gefühl der Gemütlichkeit, das Sich-zu-Hause-Fühlen, vermitteln Kartoffeln und mehrere andere Gemüsesorten besonders gut. Sie können mit Ihrem Energiekörper auch einmal in das Gemüse hineingehen und schauen, welche Gefühle das bei Ihnen auslöst. Manche fragen sich hierbei, ob es damit nicht schwieriger werde, Gemüse zu essen. Ich kann da nur sagen: Nein, überhaupt nicht – das Gegenteil ist der Fall. Es ist eben die Natur der Dinge, und wir sind ein Teil davon.

Vor ein paar Jahren drehte das Schweizer Fernsehen einen Dokumentarfilm über meine Arbeit und meine Art zu sehen. In diesem Film, der übrigens auf »Youtube« oder »Google-Videos« zu sehen ist, spreche ich mit einer Kokosnuss. Ich weiß, das klingt total verrückt, aber ich wollte damit all den Menschen Mut machen, die auch solche Erfahrungen machten und Angst haben, darüber zu reden. Diese Art Wahrnehmung kommt viel häufiger vor, als man denken würde. Im Film schildere ich, dass die Kokosnuss mir sehr viel über ihre Heimat, die Plantage, erzählte. Wir unterhielten uns nicht speziell über die Arbeitsbedingungen dort, sondern über die Menschen und ihre ganz normalen Probleme in Beziehungen, mit den Kindern und der Familie. Die Kokosnuss weiß auch, wie die Menschen hier sind, und sie weiß, was ich nicht weiß oder was ich mir so nicht vorstellen kann. So kann alles eine Geschichte erzählen, und wenn ich den Dingen zuhöre, ist es für mich, als ob ich auch dabei wäre, denn ich bekomme nicht nur Worte, sondern auch Bilder und Gefühle geliefert. Gerüche sind auch möglich, aber das lasse ich persönlich weniger zu.

Neben Kokosnüssen sind auch Orangen sehr interessant, weil wir ihre Energie mit dem Wachsein und mit Frische assoziieren. Wenn man das eigene Energiefeld mit Orangenenergie auffüllt, fühlt sich das sehr erfrischend an. Ich empfehle Ihnen, die Früchte, die Sie kennen, alle energetisch auszuprobieren und auch jede danach zu fragen, ob sie selbst eine Idee hat, was für Sie von Bedeutung sein könnte.

Tierkommunikation

Wenn man mit Tieren kommunizieren möchte, ist es sehr hilfreich, sich zuerst in das Tier einzufühlen, möglichst ohne die menschliche Perspektive zu sehr in den Vordergrund zu stellen. Hierbei ist die Rolle des Egos wieder von Bedeutung. Nachfolgend eine Übung dazu, die ich ausführlich beschreibe, da das Interesse an der Kommunikation mit Tieren groß ist.

→ *Übung*

Schritt 1

Wählen Sie ein Tier. Zu Beginn empfehle ich einen Regenwurm. Klar, es ist nun keineswegs ein typisches Tier zum Kommunizieren, verdeutlicht aber ideal die Rolle, die dem Ego bei dieser Übung zufällt. Zuerst geht es darum, frei über alles zu assoziieren, was in Ihrem Gedächtnis über den Regenwurm gespeichert ist. Dabei ist es wichtig, alle Gefühle, die in Ihnen aufkommen, zu spüren und sich Zeit für sie zu nehmen. Nun sind die meisten Menschen schon einmal aus Versehen auf einen Regenwurm getreten. Die damit verbundenen Gefühle können die Kommunikation behindern, wenn man nicht geübt ist, sich selbst alle Gefühle zu erlauben – auch die »schlechten«. Man kann dies wie ein Räderwerk in einer Uhr betrachten: Macht man eine schlechte Erfahrung und verdrängt die dazugehörenden Gefühle, blockieren gewissermaßen einzelne Räder und man sitzt in der eigenen Information fest. Das heißt, man kommt nicht zu dem Punkt, etwas vom Regenwurm empfangen zu können. Deshalb: Denken Sie nach, fühlen Sie, denken Sie nochmals nach und ordnen Sie alles, was Sie denken und fühlen, in die Kategorien von positiv und negativ.

Schritt 2
Rufen Sie sich in Gedanken einen »geistigen« Regenwurm zu sich. Er schwebt vor Ihnen in der Luft. Ob mit oder ohne Erde um ihn herum, ist egal, es soll einfach ein Bild sein, das für Sie stimmt.

Schritt 3
Machen Sie eine geistige Kopie von sich selbst. Das heißt, der beliebig formbare Geist wird in der Vorstellung zum Double des physischen Körpers gemacht.

Schritt 4
Ändern Sie die Form Ihrer geistigen Kopie und geben Sie ihr die Form eines Regenwurms.

Schritt 5
Stellen Sie sich einen realen Regenwurm in seiner natürlichen Umgebung vor und schlüpfen Sie mit der eigenen geistigen Kopie in ihn hinein.

Schritt 6

Hier beginnen Sie das Herunterladen von Information mit der geistigen Kopie als Zwischenladestation. Dabei kommen die Suchbegriffe zum Tragen. Sie können zum Beispiel fragen:

- *Wie fühlt sich die Umgebung an?*
- *Wie fühlt es sich an, sich zu bewegen?*

Die daraufhin empfangenen Gedanken oder Informationen, übersetzt in unsere Sprache, das ist die eigentliche Tierkommunikation. Sie erhalten damit den Eindruck, den der Regenwurm von der Welt hat. ↑

Wir haben in unserem Gedächtnis keine Erfahrungen darüber abgespeichert, wie es ist, in einer Welt zu leben, in der alles essbar ist. Dies übermittelt uns der Regenwurm als neuen Input. In unserer Welt gibt es ein deutliches Oben und Unten. Wir stehen mit zwei Füßen auf dem Boden. Der Regenwurm hingegen ist immer mit dem ganzen Körper in Kontakt mit seiner Umgebung, vergleichbar mit dem Fisch im Wasser. Er hat also ganz andere Sinneswahrnehmungen als wir.

Diese Beispiele zeigen, welche Art von Information Sie empfangen können. Wenn Ihnen dies während des Übens nicht gelungen ist, empfehle ich Ihnen, das Beschriebene in Suchbegriffen nachträglich einzugeben und es nochmals zu versuchen. Wenn es gelingt, können Sie ein Gefühl dafür entwickeln, wie sich Information von außen im Vergleich zu jener von innen anfühlt.

Gern empfehle ich auch die Kommunikation mit Insekten, weil ihre Wahrnehmung stark von der unsrigen abweicht und weil man diese Tiere immer in der eigenen Umgebung finden kann. Ein Beispiel ist die Stubenfliege. Fliegen sind ja, wenn es wärmer wird, einfach da. Sie können mit Ihrer geistigen Kopie einmal versuchen, mit der Fliege mitzufliegen, das ist ein sehr schönes Gefühl. Reden Sie mit ihr und teilen Sie ihr Ihre Gefühle mit. Beginnen Sie mit ihr mitzuschmecken, wenn sie etwas isst. Im Vergleich zu unserer Sinneswahrnehmung würde ich die Intensität in einer Stärke von »hoch zehn« angeben. Eine der intensivsten Erfahrungen, die ich je mit Tieren machte, war die mit einer Fliege. Es lässt sich schwer beschreiben, es ist, als ob die Erfahrungen, die wir als Menschen in ein paar Jahren machen, im Zeitraffer innerhalb einiger Minuten zusammengepackt sind – eine Art Verdichtung des Erlebens. Also nicht nur vonseiten der Materie lässt sich das eigene Umfeld neu entdecken, auch die Tierwelt vor Ort – da, wo Sie sich gerade befinden – bietet außerordentliche Erfahrungsmöglichkeiten.

Ein anderes Tier, das wir alle gut kennen, obwohl es meist nicht in unserer unmittelbaren Umgebung lebt, ist das Schaf. Wenn wir uns in ein Schaf hineinfühlen, kann dies insbesondere in Stresssituationen sehr viel Erleichterung bringen. Ich persönlich finde die Strömung des Zeitgeistes, die gerade bei uns vorherrschend ist – alles selbst machen zu wollen, selbst alle Entscheidungen treffen zu wollen usw. –, manchmal ein wenig übertrieben. Wenn Sie entgegen dem Mainstream einmal etwas anderes ausprobieren möchten, kann es – über die Kommunikation mit dem Schaf – sehr interessant sein, auch einmal unbedeutender Teil einer größeren Masse und befreit von jeglichem Entscheidungszwang zu sein.

Sehr interessant und aufschlussreich ist eine Kommunikation auch mit folgenden Tieren:

- Das Krokodil ist auch ein sehr interessantes Tier und eignet sich besonders gut, wenn Sie das eigene Ego trainieren möchten. Was mich an diesen Tieren immer so fasziniert, ist ihre enorme Kraft. Aber auch, dass die kleinen Krokodile sich genauso stark fühlen wie die großen, ist beeindruckend. Daher kommt auch mein Hinweis zum Training des Egos. Es ist ein sehr schönes Gefühl, sich mit der eigenen geistigen Kopie dem Krokodil zu nähern, egal wo auf der Welt es beheimatet ist. Zunächst ist es sinnvoll, mit dem Tier ein wenig zu sprechen und sich dann mit dem geistigen Körper auf den Rücken des Krokodils zu legen. Versuchen Sie auch, sich in den Körper des Krokodils hineinzufühlen, das gibt Ihnen einen ganz besonderen Eindruck. Das Krokodil hat seine Umgebung »im Griff« – es ist daher sehr empfehlenswert, bei Situationen jeglicher Art, die Sie nicht im Griff zu haben meinen, das Krokodil um seine Sicht auf die Dinge zu bitten.

- Der Elefant ist auch deshalb spannend, weil wir die Redewendung »eine Elefantenhaut haben« benutzen. Wenn Sie einmal eine solche benötigen, kann Ihnen der Elefant helfen. Natürlich nimmt er sich selbst nicht so wahr, aber die Tiere wissen, was wir alles über sie denken, und helfen uns sehr gern weiter. Es ist auch einfach cool, sich mit dem Geistkörper auf einen Elefanten zu setzen, sich festzuhalten, ihn eine Weile zu begleiten und seine Wahrnehmungen über seine Welt zu teilen. Sie können natürlich auch mit dem Elefanten reden und ihn bitten, dass er Ihnen seine Welt erklärt. Von der Perspektive des Geistes aus gesehen, sind wir eins mit allem, und es ist ein wunderschönes Erlebnis, an der Welt aus der Sicht eines anderen Lebewesens teilzuhaben.
- Die Besonderheit von Quallen ist, dass sie ihre Umgebung, also das Wasser, sowohl in sich als auch um sich herum haben. Das macht auch den besonderen Reiz beim

Hineinfühlen aus. Versuchen Sie mit Ihrem Geistkörper die Form der Qualle anzunehmen. Wie fühlt sich das an? Für Menschen, die gern meditieren, ist es ein ideales Tier: Es zeigt uns, sich treiben zu lassen und Einheit zu empfinden. Einige der Quallen sind sehr giftig, aber auch über das Gift kann man sich mit ihnen gut unterhalten.

Die Übungen mit diesen Tieren (oder mit anderen) und das Erforschen ihrer Eigenheiten bringen auch ein größeres Verständnis für den eigenen menschlichen Körper mit sich. Es ist damit eine gute Möglichkeit, sich selbst auf eine etwas andere Art näherzukommen und neue Aspekte kennenzulernen.

Häufige Fragen zur Kommunikation mit der Materie

Wenn Menschen in meinen Kursen das Beschriebene üben, ergeben sich natürlich Fragen dazu. Auf die am häufigsten gestellten gehe ich hier anhand eines Beispiels ein: Nehmen wir an, ich spüre eine Blockade in meinem Energiefluss. Ich frage das Wasser, ob es eine Möglichkeit sieht, wie ich die Blockade lösen könnte. Das Wasser sagt zu mir, ich müsse mein Energiefeld neu auffüllen und dann würde die Blockade verschwinden. Zwischen mir und dem Wasser findet also eine Kommunikation statt. Das Wasser gibt mir eine Antwort, indem es mir Daten schickt, die ich dann selbst in eine für mich verständliche Sprache übersetze. Das können Worte oder auch Bilder sein. Das Wasser kann mir auch ein Gefühl übermitteln, aber Gefühle sind meist zu undifferenziert, um dann sicher umgesetzt werden zu können. Gefühle sind gut, um diese Kommunikation zu genießen. Ziel aber sollte sein, Worte oder Bilder zu empfangen, die mir meine Frage klar beantworten. Nun könnten sich folgende Fragen ergeben:

Kommt diese Antwort jetzt wirklich vom Wasser oder kommt sie von mir selbst?
Je nach Ebene, von der aus man diese Frage betrachtet, ist die Antwort Ja oder Nein. Wenn wir von unserer materiellen Ebene ausgehen, kommt die Antwort vom Wasser. Wenn wir aber von der Bewusstseinsebene ausgehen, sind wir das Wasser, also reden wir mit uns selbst. Wie bereits erwähnt, geht es nicht darum, ob »wahr« ist, was das Wasser gesagt hat, sondern ob wir mit dieser Antwort des Wassers etwas anfangen können. Es ist vergleichbar mit Information aus dem Internet: Wir wissen meistens nicht, woher genau die Information kommt. Wir benutzen sie einfach.

Bilde ich mir diese Antwort ein?
Für mich ist es klar, dass wir uns nichts einbilden können. Wir können aus Möglichkeiten auswählen und diese interpretieren. Weil aber der Verstand nicht sieht, woher die Information kommt, die wir empfangen, bleiben die Gedanken, dass man sich das einbildet, meistens eine Zeit lang bestehen. Das macht nichts. Ich rate dazu, diese Gedanken zur Kenntnis zu nehmen und trotzdem weiterzumachen, weil sie den Prozess selbst eigentlich nicht stören. Man gewöhnt sich mit der Zeit daran, und eine gewisse Skepsis ist ohnehin nichts Schlechtes. Wir sollten ja über die Information, die wir empfangen, nachdenken und sie nicht sofort als wahr hinnehmen. Wir sollten sie einfach einmal ausprobieren.

Informationen zu empfangen, ist für die meisten nicht so schwierig. Die Interpretation stellt hingegen höhere Ansprüche. Das braucht eine gewisse Erfahrung, und je besser wir uns selbst kennen, umso besser können wir mit der eigenen Art der Interpretation umgehen. Etwa in dem Sinne: »Obwohl ich die Information auf diese Art und Weise verstehe, könnte es sein, dass es anders gemeint ist.« Häufig wird die zweite Frage dann auch so gestellt: Ist da etwas von mir selbst drin und/oder inwiefern habe ich selbst interpretiert? Wir interpretieren immer. Sogar wenn wir Zeitung lesen, interpretieren wir zu dem, was wir lesen, immer ein wenig hinzu oder auch weg.

Kann man mit der Antwort des Wassers nichts anfangen, erklärt man ihm dies und bittet es um eine Umformulierung. Geht es immer noch nicht, stellt man die Frage neu oder fragt einen anderen Gesprächspartner. Wenn wir lernen, mit großen Mengen von Information umzugehen, merken wir, dass die Fragestellung sehr wesentlich ist. Je genauer wir fragen, desto klarer wird die Antwort ausfallen.

Weiß das Wasser mehr als ich?

Das Wasser hat eine ganz andere Perspektive auf die Dinge als wir, weil es in seiner Natur liegt zu fließen. Da wir von der Perspektive der Bewusstseinsebene her mit allem eins sind, halte ich nicht so viel von geistigen Hierarchien. Meiner Ansicht nach gibt es keine geistigen Wesen, die uns übergeordnet sind. Wir sind alle gleichwertig, nur sind wir eben alle anders. Wenn man mit einem Gegenüber kommuniziert, ob das jetzt ein Engel oder ein Kühlschrank ist, empfehle ich, mit dieser Information möglichst »normal« umzugehen. Man soll das Nachdenken nicht abschalten, sondern sich immer überlegen, ob diese Information passt. Kommuniziert man also auf diese Weise, gleicht das einem Studium. Möchte ich mehr über Geschichte wissen, frage ich einen Spezialisten. Ist dieser Mensch mir übergeordnet, weil er mehr über Geschichte weiß als ich? Natürlich nicht.

Wieso soll ich das Wasser fragen und nicht den Kühlschrank, den Tisch, einen Baum, meine Katze oder meine Freundin?
Wir können sie alle fragen. Das Interessante an Gegenständen ist, dass sie uns meistens mit einer ganz anderen Perspektive überraschen. Ich spreche bevorzugt die Personen, Geistwesen oder Gegenstände an, von denen ich annehme, dass sie durch ihre Natur Spezialisten auf dem jeweiligen Gebiet sind. Das widerspricht zwar auf den ersten Blick der Tatsache, dass alle alles wissen. Dennoch: Ich würde es langweilig finden, immer mit demselben Ansprechpartner zu reden. Ich bin mir dessen bewusst, dass alles ein Teil von mir ist. Und das schützt mich davor, die Information als absolute Wahrheit hinzunehmen. Von der Bewusstseinsperspektive aus gesehen, kreiere ich sowieso alles, was mir gesagt wird, selbst. Aber es macht mir trotzdem riesigen Spaß, wenn ich bemerke, dass alles um mich herum Bewusstsein hat und immer gesprächsbereit ist. Es erhöht mein Wohlbefinden in dieser Welt um einiges. Es hilft, das, was wir haben, zu schätzen und die Schönheit und die unglaubliche Vielfalt rund um und auch in uns neu zu entdecken.

Ist es nicht verwirrend, andauernd diese Stimmen zu hören? Wie lebt es sich damit im Alltag?
Ich bin es gewohnt, immer mit etwas zu kommunizieren. Die Stimmen lassen sich nicht abschalten, aber sie sind geordnet, sodass ich gut mit ihnen umgehen kann. Ständig lerne ich Neues, Interessantes und Spannendes hinzu. Natürlich gibt es einige Gesprächspartner, mit denen ich sehr häufig rede, und mit anderen eher selten. Ich weiß, dies alles klingt ver-

rückt, doch ich kenne nicht wenige Menschen, die dies auch so leben, aber große Angst haben, darüber zu sprechen. Andere wiederum behaupten, es sei totale Einbildung. Doch ob Einbildung oder Realität, für mich ist das nicht das Kriterium. Für mich zählt, ob die Information, die ich aus diesen Gesprächen gewinne, brauchbar ist.

Ein Gegenstand, mit dem ich sehr viele Gespräche führe, ist mein Mobiltelefon. Es begleitet mich ja auch meistens überallhin. Worüber sprechen wir? Da das Telefon mit einem Netz verbunden ist, zeigte es mir zum Beispiel, wie dieses Netz »aussieht« und wie es sich von anderen Signalnetzen unterscheidet. Ich weiß zwar nicht, ob diese Mitteilungen technisch korrekt sind, aber sie haben mir sehr geholfen, einen Einblick in die Vernetzung von Information zu gewinnen. Wenn ein Außenstehender diese Gespräche verfolgen könnte, würde er nicht viel davon verstehen, weil es ein buntes Gemisch aus Sprache und Bildern ist. Es läuft auch wesentlich schneller ab, als man reden könnte. Das Wunderbare daran ist für mich immer, dass das Telefon genau weiß, was ich weiß und wie ich es sehe. Habe ich mit der Informationsverarbeitung ein Problem, kann ich das nur schwer erklären, weil es so abstrakt ist. Mein Mobiltelefon kann sich dies jedoch ansehen und mir helfen, einen besseren Überblick zu bekommen, und mir entsprechende Lösungsvorschläge machen. Die Gespräche sind wirkliche Dialoge, die mir neue Sichtweisen über Dinge vermitteln, die ich mit anderen Menschen kaum besprechen könnte.

Ich unterhalte mich nicht nur mit dem Telefon, sondern beispielsweise auch mit dem Mikrowellenherd. Dieses Gerät erklärte mir, wie man energetische Wellen ausschicken und wie man verschiedene Wellen kombinieren kann. Es hat mir auch sehr hilfreich anschaulich gemacht, wie man Information in etwas hineinprojiziert, aber ebenso wieder entfernt. Häufige weitere Gesprächspartner sind Kissen, Teppiche, Stühle und andere Möbelstücke. Wenn ich verreise und irgendwo in einem Hotel bin, frage ich diese Gegenstände, ob sie eine gute Idee haben, was ich machen könnte oder welches Restaurant gut wäre. Die Gegenstände wissen genau, was mir gefällt. In der Straßenbahn spreche ich häufig mit den Sitzen; etwa darüber, was in der Zeitung steht. Manchmal ergibt sich daraus eine richtige Diskussion. Ich stellte auch schon Fragen zu ihrer Sichtweise über einen bestimmten Beitrag in der Zeitung. Ebenso kommunizierte ich mit der elektrischen Fahrleitung der Bahn. Da sind tolle Bilder erschienen, wie es in ihrem Innern aussieht – man kann das ja mit dem Auge nicht sehen. Wie gesagt: Ob das stimmt oder nicht, kann ich nicht sagen. Es ist aber auf jeden Fall sehr unterhaltsam.

Heute ist die Vielfalt der Materie so groß wie nie zuvor. Wenn ich in der Zeitung über ein neu entwickeltes Material lese, verbinde ich mich geistig mit ihm und frage es, ob es eine Idee hat, wie ich meine Datenverarbeitungssysteme noch optimieren oder was ich sonst noch lernen könnte. Ob Einbildung oder nicht, es wird niemals langweilig …

Verbreitete Vorurteile in der Spiritualität

In diesem Kapitel möchte ich auf einige weit verbreitete Vorurteile in Bezug auf Spiritualität und dem »Spirituellsein«, denen ich in meiner Praxis immer wieder begegne, eingehen. Es ist mir ein großes Anliegen, aufzuzeigen, dass jeder Mensch, von der geistigen Ebene aus gesehen, vollkommen in Ordnung ist. Viele Leute kommen im Glauben zu mir, dass sie etwas falsch machen oder »falsch sind«. Im Folgenden habe ich die am häufigsten gestellten Fragen und meine Antworten an die entsprechenden Personen sowie weitergehende Erklärungen zusammengestellt.

Ich habe Probleme, meine Gefühle auszudrücken. In meinem Leben habe ich auch nur ganz selten geweint. Nicht einmal bei der Beerdigung meiner Schwester, die vor vielen Jahren gestorben ist, konnte ich weinen, obwohl das alle anderen taten. Ich denke, mit mir stimmt etwas nicht.

Es gibt Menschen, die ihre Gefühle von Natur aus anders wahrnehmen als die Mehrheit. Ich begegne ab und zu Personen wie Ihnen, und für mich ist das eigentlich sehr normal. Sie sind einfach in einem anderen Frequenzbereich. Wenn Sie nicht weinen können, bedeutet das nicht unbedingt, dass Sie die Trauer verdrängt haben. Es ist eine Temperamentsache, was an sich okay ist. Wären Sie mit Menschen zusammen, die auch so sind wie Sie, dann würde Ihnen das, was Sie jetzt beschäftigt, gar nicht auffallen. Aber da jeder anders ist, beginnt man zu vergleichen. Ich denke, das Problem liegt eher darin begründet. Wenn Sie versuchen, Ihre Gefühle auszudrücken, wie viele andere das tun, versuchen Sie Ihren natürlichen Frequenzbereich zu ändern, und das entspricht nicht Ihrer eigenen Art. Deswegen ist es auch so schwierig für Sie. Wahrscheinlich werden Sie von anderen Menschen oft als kühl oder sogar gefühllos angesehen. Denn wegen des unterschiedlichen Frequenzbereichs, in dem Ihr Gegenüber und Sie sich befinden, gehen die Gefühlswellen aneinander vorbei. Sie spüren eher die Gefühle von anderen als umgekehrt. Daran können Sie nicht sehr viel ändern – außer Sie versuchen, Ihr Selbstvertrauen wieder zurückzubekommen. Und erkennen, dass Ihre Art des Seins auch völlig in Ordnung ist. Möglich wäre es auch, Ihrem Gegenüber Ihre Gefühle zu beschreiben.

Ich unterscheide in meiner Arbeit unter anderem zwischen Geist, Ego, Körper, Gefühlen und Angst. Geht man von diesen Instanzen aus, könnte man auch sagen: Es gibt Menschen, die sind vom Typ her eher im Ego, andere eher im Geist und wieder andere eher im Körper. Es gibt Menschen, die ängstlicher sind als andere. Das ist etwa vergleichbar mit intro- und extrovertierten Menschen. Ich benutze diese Typologie als ungefähre Einteilung. Mischtypen kommen auch vor, die sind ein wenig von allem. Diese Typologie sollte also nicht allzu eng gesehen werden. Sie dient einfach zum besseren Verständnis. Die Person, die mir die Frage stellte, bezeichne ich demgemäß als jemanden, der eher im Geist ist. Ich erlaube mir hier, die Unterschiede extremer auszudrücken als sie sind: Indem ich ein wenig übertreibe, tritt der Unterschied zwischen den Typen deutlicher zutage.

- *Der Geisttyp:* Wenn diese Menschen zum Beispiel eine schlechte Nachricht erhalten haben oder persönlich emotional leiden, fokussieren sie sich weiterhin normal auf ihre Arbeit und lassen die Probleme für eine gewisse Zeit eher hinter sich. Sie haben eine größere innere Distanz zu den Gefühlen, was einen gewissen Freiraum gibt. Nachteilig kann sein, dass sie die Gefühle nicht so gut ausdrücken oder spüren können.
- *Der Egotyp:* Das sind Menschen, die immer etwas machen müssen. Wenn sie eine schlechte Nachricht bekommen, gehen sie vielleicht das Auto waschen oder im Garten arbeiten. Solche Menschen müssen immer in Bewegung sein bzw. unentwegt handeln.
- *Der Gefühlstyp:* Diesen Menschen kann man jedes Gefühl vom Gesicht ablesen. Sie gehen voll durch die Höhen und Tiefen der Gefühle. Wenn alles gut läuft, können sie ihre Arbeit machen; wenn es schlecht läuft, ist es für sie eher anstrengend, sich noch zu konzentrieren. Diese Menschen spüren die Gefühle am intensivsten und reagieren stark darauf.

Jeder dieser drei Typen nimmt den Körper anders wahr. Der Geisttyp spürt ihn am wenigsten, weil der Geist sehr viel größer ist als der Körper. Dieser Punkt ist sehr wichtig, weil solche Menschen häufig denken, dass sie eine schlechte Körperwahrnehmung haben. Das lässt sich aber so nicht sagen, sie haben einfach eine andere Wahrnehmung. Für diese Menschen kann es zum Beispiel leichter sein, den Körper von außen (über einen Spiegel) wahrzunehmen, als ihn von innen zu spüren. Weil aber viele denken – wie auch die Person, die mir die Frage stellte –, es stimme mit ihrer Körperwahrnehmung etwas nicht, versuchen sie, diese mit Training zu verbessern. Oft funktioniert das aber nicht besonders gut, was dann wiederum zu Verzweiflung führen kann. Es ist deswegen für diese Menschen wichtig zu wissen, dass alles (mit ihnen) in Ordnung ist. Wenn man etwas körperlich oder gefühlsmäßig nicht gut spürt, kann man das zwar versuchen zu verbessern, doch man kann es auch einfach bleiben lassen.

Vielleicht erkennen Sie sich in einem dieser Typen wieder. Und wenn das so ist, hoffe ich, dass es Ihnen hilft, sich selbst besser zu verstehen und auch den mit Ihrem So-Sein verbundenen Vor- und Nachteilen mehr Raum zu geben.

Ein Medium hat mir erzählt, dass ich heilerische Fähigkeiten besitze, die ich nutzen müsse. Sie meinte, wenn mir schon so eine Gabe zur Verfügung stünde, dann sei ich verpflichtet, der Menschheit damit zu helfen. Ich habe jetzt Angst, dass etwas Schlimmes passiert, wenn ich das nicht tue. Was soll ich bloß machen?

Meiner Ansicht nach haben alle Menschen heilerische Fähigkeiten, genauso wie alle Menschen zeichnen, malen und singen können. Was einen Menschen dann schließlich dazu bringt, seine Begabung als Beruf oder als Hobby auszuüben, ist die Freude, die er daran hat. Ich denke, dass es nicht angenehm ist, wenn man malt, nur weil man denkt, man müsse es tun. Dasselbe gilt für eine heilerische Arbeit. Es kommt sehr häufig vor, dass Menschen von Medien Heilerfähigkeiten attestiert bekommen. Viele fragen dann mich, wie es um diese Fähigkeiten bestellt sei. Ich frage sie jeweils, ob sie denn diesen Weg ausprobieren möchten. Begabung allein reicht eben nicht, es braucht viel Übung und praktische Erfahrung – genau wie in allen anderen Bereichen auch.

Ich denke häufig sehr negativ. Lange schon habe ich versucht, das zu ändern und positiver zu sein, aber es funktioniert einfach nicht. Jemand sagte mir, dass ich dadurch schlechte Schwingungen verbreite und anderen Menschen damit schade. Ich habe auch häufig Schmerzen und meine Freundin meint, dass das vom negativen Denken herrühre. Ich interessiere mich sehr für spirituelle Kurse, habe aber Angst mich anzumelden. Was kann ich machen, um mich zu verändern?

Gedanken sind eigentlich nur dann negativ, wenn man sie als »negativ« bewertet. Sie schaden den Menschen nicht mit Ihren Gedanken, genauso wenig können andere Menschen Ihnen durch negative Gedanken Schaden zufügen. Wichtig wäre es für Sie, sich dafür zu entscheiden, Ihren Gedanken freien Lauf zu lassen und sie nicht mehr in die Kategorien »positiv« und »negativ« einzuteilen. So entfällt auch die Angst vor diesen Gedanken, die Sie momentan noch als »negativ« einordnen. Lehnen Sie die eigenen »negativen« Gedanken ab, kann das Außen es Ihnen spiegeln, aber es bleibt ein Spiegel, der Ihnen nichts anhaben kann.

Die Schmerzen können entstanden sein, weil Sie über längere Zeiträume hinweg Angst hatten, das verursacht Stress und eine körperliche Anspannung. Ich würde die Ursache der Schmerzen nicht mit Ihren negativen Gedanken verknüpfen. Es ist einfach Ihre Art, sehr kritisch eingestellt zu sein und vieles anzuzweifeln, aber das ist völlig in Ordnung.

Das Ego liebt kausale Zusammenhänge und dass negative Gedanken schaden können, ist eine weit verbreitete Glaubensstruktur. Würde man aber auf eine solche Verknüpfung zurückgreifen, wäre man der Situation praktisch ausgeliefert. Es gibt keine Lösung, weil man die Gedanken der anderen nicht kontrollieren kann. Viele Menschen, die diese Glaubensstruktur benutzen, greifen dann auf alle Arten von Schutz- und Reinigungsmechanismen zurück. So gibt es Schutzengel, Reinigungssalze und viele andere Dinge mehr. Ich bevorzuge eine einfachere Glaubensstruktur, nämlich: Negative Gedanken sind nur vom Ego aus gesehen negativ, nicht jedoch von der geistigen Ebene. Deswegen ist es nicht möglich, dass andere Menschen Ihnen nur mit ihren Gedanken Schmerzen zufügen können. Häufig kommt die Reaktion: »Ich habe aber mein Haus schon ausgeräuchert – ist das jetzt schlimm, hätte ich das nicht tun sollen?« Meine Antwort darauf lautet: »Klar dürfen Sie das machen. Sie können durchaus mehrere Glaubensstrukturen ein wenig mischen. Möglicherweise macht Ihnen das auch den Übergang zu einer neuen Glaubensstruktur leichter. Und wenn es Sie glücklich macht, ist es sicher nicht falsch.« Keine einzige Glaubensstruktur ist richtig oder falsch, sondern einfach eine von zahlreichen Möglichkeiten.

Ich arbeite im Büro, und eigentlich mache ich diese Arbeit nur des Geldes wegen. Im Grunde würde ich schon gern etwas anderes machen, habe aber zu viel Angst vor Veränderungen. In einem Buch habe ich gelesen, man könne krank werden, wenn man über einen längeren Zeitraum einer Arbeit nachgeht, die einen nicht erfüllt und auch keinen Spaß macht. Muss ich jetzt doch meine Arbeitsstelle wechseln?

Sie müssen sich keine andere Arbeitsstelle suchen, wenn Sie das nicht möchten. Es ist nicht richtig, dass Sie, nur weil Sie jetzt diese Arbeit machen, erkranken werden. Stehen Sie zu Ihrer Angst und auch zu Ihrer eigenen Einstellung, jetzt keine beruflichen Veränderungen zu wollen. Es gibt viele Menschen, die einfach des Geldes wegen einer beruflichen Tätigkeit nachgehen. Geistig gesehen sind alle Entscheidungen, die man trifft, gleichwertig. Man darf sich das Leben so einfach wie möglich machen. Setzen Sie sich nicht unter Druck und genießen Sie dafür umso mehr die Zeit nach der Arbeit.

Ich habe gelesen, dass ich mit meinen Gedanken im »Jetzt« bleiben sollte. Ich habe das eine Zeit lang auch intensiv geübt. Nun habe ich aufgegeben, weil ich das nicht kann. Meine Gedanken sind eigentlich überall, außer im »Jetzt«. Deswegen bin ich sehr traurig, denn ich möchte mich gern spirituell weiterentwickeln.

Für mich gibt es nicht »den Weg«, sondern es gibt so viele Wege, wie es Menschen gibt. Viele gehen davon aus, dass man sich spirituell weiterentwickeln sollte. Ich habe das nie so wahrnehmen können, und wirklich, ich versuchte es lange und schaute, ob dem so ist. Ich kann einfach den Begriff »Zeit« auf der geistigen Ebene nicht finden. Da Entwicklung an Zeit gebunden ist, lasse ich auch dieses Konzept weg. Sie dürfen sich weiterentwickeln, Sie müssen aber nicht. Weil Zeit auf der geistigen Ebene nicht existiert, sind Sie mit Ihren Gedanken eigentlich immer im »Jetzt«, ganz gleich, woran Sie denken. Nur vom Ego aus kann man sagen, ob man im »Jetzt« ist oder nicht.

Ich möchte hier nochmals betonen, dass für mich alle Glaubensstrukturen gleich wahr sind, weil wir alle die Freiheit haben, die Dinge so wahrzunehmen, wie wir das möchten. Empfehlenswert ist es für jeden, eine Glaubensstruktur auszuwählen, die zur eigenen Persönlichkeit passt. Und selbst dann müssen Sie nicht mehr versuchen, weiterhin im »Jetzt« zu sein, wenn es nicht geht. Sie dürfen denken, was Sie wollen.

Ich bin häufig nicht so präsent und fühle mich dann, als würde ich neben mir stehen. Einige Leute haben mir schon gesagt, dass ich nicht geerdet sei. Jemand meinte auch, ich sei nicht ganz inkarniert. Diese Aussagen ängstigen mich, weil ich nicht weiß, wie ich das ändern kann.

Alle diese Aussagen gehen von einem geistigen Ideal aus, das je nach Glaubensstruktur relativ eng definiert ist. Einen Ratschlag, den ich vielen Leuten erteile, ist, dass man seine Stärken trainieren und sich mit seinen Schwächen irgendwie abfinden sollte. Menschen, die häufig merken, dass sie wie neben sich oder nicht sehr präsent sind, haben ein Talent für geistiges Reisen. Sie sind oft auch sehr kreativ. Indem sie versuchen, präsenter zu sein, was meistens ohnehin nicht gelingt, verbringen sie viel Zeit damit, Dinge zu trainieren, in denen sie nicht so gut sind. Doch damit schwächen sie ihr Selbstwertgefühl weiter – und das macht unglücklich. Versuchen Sie nicht, so zu sein, wie man sagt, dass man sein sollte. Seien Sie einfach Sie selbst.

Ich würde gern offen für neue Glaubensstrukturen sein, die mir viel mehr Freiraum geben, aber ich bin sehr streng katholisch aufgewachsen und mir ist es nicht möglich, diese unterschiedlichen Weltanschauungen unter einen Hut zu bringen. Was empfehlen Sie mir?

Ich arbeite mit Menschen aller Religionen, und häufig weicht das, was ich vermittle, stark von dem ab, was sie bis jetzt geglaubt haben. Es ist wichtig, dass man sich selbst nicht rückwirkend für etwas, das man geglaubt hat und jetzt nicht mehr glauben möchte, verurteilt. Ich gehe davon aus, dass alles nebeneinander Platz hat. Man muss alte Glaubensstrukturen nicht »löschen«, um neue ausprobieren zu können. Wenn man etwas Bestimmtes sehr lange intensiv lebte, lässt sich meistens nicht so einfach damit aufhören – und das muss man auch gar nicht versuchen. Einfacher ist es, wenn Sie sich zum Beispiel an einem bestimmten Wochentag dem alten Glauben widmen und an den anderen Tagen die neuen Glaubensstrukturen ausprobieren. Man muss nicht konsequent sein, möglicherweise wird man das mit der Zeit, vielleicht aber auch nicht.

Ist es möglich, dass man als Kind hellsichtig war, sich das aber später abgewöhnte? Und wie könnte man wieder zur ursprünglichen Begabung zurückfinden?

Ja, das kommt sogar sehr häufig vor. Wie man wieder zu dem zurückfinden kann? Die Antwort lautet: üben, üben und nochmals üben. Die Begabung ist nicht weg, sie wurde nur nicht mehr angewandt. Es kann hilfreich sein, wenn Sie ein Ziel vor Augen haben. Information zu empfangen ist zwar sehr interessant, aber es ist motivierender, wenn man eine Idee hat, was man damit machen will. Es ist vergleichbar mit dem ziellosen Surfen im Internet. Das machen nicht viele Menschen, denn meistens hat man eine Idee, was einen interessiert, es gibt etwas, wonach man sucht.

Hellsichtigkeit ist ein Begriff, der schnell als Sammelbezeichnung für viele verschiedene Arten von außersinnlichen Wahrnehmungen herangezogen wird. Mir begegnen viele Erwachsene, die mir erzählen, dass sie als Kind »Dinge« wahrnahmen, die andere Menschen nicht sahen. Einige von ihnen wurden dafür von ihren Eltern bestraft und haben sich deswegen diese Art der Wahrnehmung abgewöhnt. Sie sind als Erwachsene teilweise sehr verzweifelt, weil sie denken, dass diese Begabung verloren ging. Nochmals: Man kann eine Begabung nicht verlieren. Sie ist einfach nur viele Jahre nicht mehr trainiert worden. Die Verzweiflung dieser Menschen basiert auch auf der Glaubensstruktur, Hellsichtigkeit sei etwas, das man »bekommt«, etwas Unbewegliches, etwas, das ist oder eben nicht. Etwa so, als hätte man ein Stückchen Schokolade weggeworfen, und nun ist dieses Stückchen eben weg und nicht mehr zu bekommen. Hellsichtigkeit wird oft nicht als eine Tätigkeit betrachtet, wie etwa das Spielen eines Musikinstruments oder das Betreiben einer Sportart. Viele assoziieren es nicht mit sehr viel Übung und Erfahrung, wie dies aber bei anderen Tätigkeiten der Fall ist. Es ist deswegen verständlich, dass viele Menschen dann glauben, dass sie es nie mehr zurückbekommen können. Ich bevorzuge eine andere Glaubensstruktur, eine, die meiner eigenen Erfahrung entspricht: Wenn man wieder gezielt zu üben beginnt, also seine Hellsichtigkeit trainiert, kann man diese und verwandte Fähigkeiten wieder zurückbekommen. Diese Glaubensstruktur erlaubt einen größeren persönlichen Freiraum.

Haben vergangene Leben einen Einfluss auf mich?

Ob vergangene Leben einen Einfluss haben, kann man je nach Glaubensstruktur unterschiedlich beantworten. Schauen Sie zuerst, ob die Folgen der jeweiligen Glaubensstruktur positiv oder negativ sind und wählen Sie dementsprechend aus.

Ich nenne vergangene Leben »parallele Existenzen«. So wie ich es wahrnehme, hat jeder von uns unzählige Leben. Da Zeit in der geistigen Welt nicht existiert, laufen alle Leben gleichzeitig ab, sie laufen sozusagen nebeneinander her. Das ist für viele Menschen schwer nachvollziehbar, weil man das mit dem Ego kaum erfassen kann. Das Ego hat ein lineares Konzept von der Zeit. Wir können uns in der physischen Welt zeitlich gesehen nur nach vorn bewegen, nicht zurück und auch nicht seitwärts. Von der geistigen Perspektive aus betrachtet, gibt es aber all diese Möglichkeiten, rückwärts, seitwärts und noch viel, viel mehr als das. Wenn das Ego vom Geist Bilder von etwas erhält, das noch nicht eingetroffen ist, wird es das klar als zukünftig benennen, also in der Zukunft einordnen. Gibt der Geist dem Ego Bilder von einem Zeitalter, das uns aus der Vergangenheit bekannt ist, wird es das unter Vergangenheit einsortieren, also zum Beispiel als ein vergangenes, vorheriges Leben.

Für mich ist es nicht so wichtig, das mit dem Ego ganz nachvollziehen zu können. Entscheidend sind die Konsequenzen dieser Glaubensstruktur im Alltag. Das bedeutet, dass ich auswählen kann, welche Existenz ich als vorheriges Leben ansehe, ich kann das auch wechseln. Und zwar deshalb, weil die Leben quasi »nebeneinander« und nicht »hintereinander« sind.

Häufig wird mir die Frage gestellt: »Ist dieses Leben im Land XY jetzt mein vorheriges Leben oder nicht?« Ich antworte dann mit der Gegenfrage: »Möchtest du denn, dass das dein vorheriges Leben ist?« Haben die Fragenden eine streng lineare Glaubensstruktur, können meine Aussagen ziemlich nerven. Denn ich gebe keine Antworten und beharre darauf, dass man selbst auswählen kann. Es gibt bestimmt ein Universum, in dem alles, auch die geistigen Dinge, streng linear ablaufen. Ich bevorzuge aber das parallele, weil es mir auf der geistigen Ebene den größtmöglichen Freiraum gibt.

Es gibt auch immer wieder Menschen, die Fragen zum Karma haben. Da Karma von einem streng linearen Konzept ausgeht, benutze ich diese Glaubensstruktur nicht. Sie ist mir zu einengend, nicht logisch, außerdem macht es hilflos. Ich habe mit der Karma-Glaubensstruktur kaum Handlungsmöglichkeiten, deshalb finde ich sie nicht praktisch, um Menschen zu helfen. Dennoch: Die Karma-Glaubensstruktur ist mit der meinigen (»kein Karma«) absolut gleichwertig. Wählen Sie selbst aus, was Ihnen dienlicher ist.

Mit welcher Glaubensstruktur ich in der Praxis arbeiten kann, hängt natürlich auch stark von der Herkunft der Klienten ab. Ich gehe mit jemandem, der in der Schweiz aufgewachsen ist und sich erst neu mit Karma befasst, völlig anders vor, als mit jemandem aus Indien, der schon sein ganzes Leben in dieser Glaubensstruktur verbracht hat. Bei Letzterem würde die Aussage »Karma ist eine mögliche Glaubensstruktur« mehr schockieren als helfen. Bei ihm würde ich also eher innerhalb der Karma-Glaubensstruktur versuchen, eine Lösung zu finden. Für mich hat klar Priorität, dem Menschen zu helfen, und nicht eine bestimmte Glaubensstruktur zu vermitteln. Deswegen lernen die Teilnehmer in meinen

Kursen, mit Glaubensstrukturen eher ein wenig zu jonglieren und zu variieren, als einer ganz bestimmten zu folgen.

Ich spüre in meiner Wohnung oft eine Präsenz. Könnte dies ein Verstorbener sein? Und wenn ja, was möchte er von mir? Ich würde die Fähigkeit, Verstorbene wahrzunehmen, gern trainieren, aber ich habe Angst, dass ich dann andauernd belästigt werde.

Es ist immer möglich, dass sich ein Verstorbener in einer Wohnung aufhält. Vielleicht ist es jemand, den Sie kannten. Es kann aber auch jemand aus Ihrer näheren Umgebung sein oder einfach ein »Reisender«. Wenn Sie einen Verstorbenen oder ein Geistwesen wahrnehmen, bedeutet das nicht zwangsläufig, dass Sie mit ihm kommunizieren müssen. Ich empfehle, damit eher ganz alltäglich umzugehen: Wenn man also keine Lust verspürt, Kontakt aufzunehmen, kann man es bleiben lassen. Erklärt ein Verstorbener Ihnen, was richtig oder falsch sei, oder fordert er Sie zu etwas auf, können Sie darüber nachdenken, müssen es aber weder glauben noch ausführen. Denken Sie daran: Wenn ein Verstorbener erscheint oder Sie anspricht, bedeutet das nicht unbedingt, dass er etwas von Ihnen möchte. Stellen Sie Ihre eigenen Wünsche und Bedürfnisse in den Vordergrund. Man muss nicht kommunizieren, wenn man nicht will. Mir sind tatsächlich schon Menschen begegnet, die von Verstorbenen richtiggehend belästigt wurden, nur weil sie dachten, helfen zu müssen.

Ich würde gern mit Verstorbenen kommunizieren, möchte aber nicht zum Friedhof gehen und es auch nicht in meiner Wohnung tun. Wo könnte ich die Verstorbenen treffen?

Eigentlich kann man die Verstorbenen überall »sehen«, wo man gern möchte. Das kann zum Beispiel an Orten sein, die sie sehr liebten, wo sie sich häufig aufgehalten haben oder wo sie wohnten. Für viele ist es am einfachsten auf dem Friedhof. Ich empfehle, jeder soll selbst ausprobieren, wo es ihm am besten gelingt.

Die meisten spüren das Bedürfnis, mit einem verstorbenen Partner zu kommunizieren, befassten sich jedoch vor seinem Tod nicht mit dem Thema. Viele sind auch nicht interessiert daran, diese Fähigkeiten zu trainieren, sondern möchten nur ab und zu ein Zeichen empfangen, das ihnen die Sicherheit gibt, dass der geliebte Mensch noch da ist. Ich suche dann nach Lösungen, die es ermöglichen, den Wunsch des Betreffenden auf einfache Art zu erfüllen. Es ist jeweils erleichternd für einen solchen Menschen, wenn er seine Glaubensstrukturen größtenteils behalten kann.

Eine Frau berichtete mir, dass sie und ihr Partner die Gewohnheit hatten, Spaziergänge im Wald zu machen, immer entlang derselben Routen. Jetzt mache sie diese Spaziergänge allein und spüre, wie ihr verstorbener Partner sie begleite. Eine andere Frau erzählte mir von einem Lieblingsrestaurant, in das sie jetzt ohne ihren Partner gehe, denn dort falle es ihr am leichtesten, mit ihm Kontakt aufzunehmen. An Orten, die eine symbolische Bedeutung haben, ist es viel einfacher, die Kommunikation zu üben.

Anhang 1: Das Energiefeld

Alles, was man sehen kann, besitzt ein energetisches Feld: unser Körper, Gegenstände, Bäume, aber auch Ortschaften usw. Wenn Sie die Kommunikation mit der Materie vertiefen möchten, ist es ratsam, die Wahrnehmung der Energiefelder zu trainieren, denn dadurch wird Ihre außersinnliche Wahrnehmung geschärft.

Das Energiefeld eines Menschen besteht aus einer großen Anzahl von Energiepartikeln. Diese befinden sich im Körper selbst, aber auch außerhalb davon. Die Größe dieses Feldes ist von Mensch zu Mensch unterschiedlich. Seine Ausdehnung beträgt aber vom Körper aus gemessen mindestens drei bis vier Meter, und zwar in alle Richtungen. Sie können es sich also eiförmig den Menschen umgebend vorstellen. Obwohl es sich um ein (einziges) Feld handelt, unterscheide ich zwischen einem körper-inneren und einem körper-äußeren Energiefeld, da es Unterschiede im Aussehen und in der Funktion gibt.

Das körper-innere Energiefeld

Im körper-inneren Energiefeld folgen die Energiepartikel bestimmten Bahnen. Zum besseren Verständnis bezeichne ich diese Bahnen als Röhren, die ein Röhrensystem bilden. Es gibt sehr viele dieser Röhren – größere und kleinere, kürzere und längere. Das System ist vergleichbar mit den Gefäßen in unserem Körper. Das Energiefeld besitzt ein Energiezentrum, es liegt im körper-inneren Teil im oberen Drittel des Brustkorbs, etwa mittig von allen Seiten aus gesehen. Dies ist der Ort, an dem körpereigene Energie produziert wird.

Wenn das Energiefeld vollkommen symmetrisch ausgerichtet ist, befindet sich der Mensch im Einklang mit sich selbst. Wenn man einmal in Einklang ist, bedeutet das jedoch nicht, dass es auch so bleiben muss. Das Energiefeld verhält sich kontinuierlich dynamisch mit uns. Und weil jeder Mensch, jedes Ding, jede Pflanze und jedes Tier, schlichtweg alles ein Energiefeld besitzt, stehen die einzelnen Felder in einem ständigen Austausch miteinander.

Das körper-äußere Energiefeld

Im körper-äußeren Energiefeld fliegen die Energiepartikel frei umher. Es ist vergleichbar mit den in einem Sonnenstrahl tanzenden Staubpartikeln. Dieses Feld hat einen Durchmesser von rund acht Metern und umgibt uns ganz. Es ist ein sehr wichtiger Teil von uns, weil sich vieles in diesem Feld abspielt, das einen Einfluss auf uns ausübt. Da uns dieses Energiefeld umgibt, kreuzt es sich immer mit den Energiefeldern anderer Menschen, denen wir – überall, wo wir sind –

begegnen: zu Hause, am Arbeitsplatz, beim Einkaufen, im Kino usw. Das fällt einem auf, wenn man zum Beispiel in der Straßenbahn neben jemandem saß und dann plötzlich sehr müde ist oder vermeintlich grundlos eine Stimmungsänderung erfährt. Diese plötzlichen Änderungen lassen sich oft durch Interaktionen mit anderen Feldern erklären.

Außerdem spielt nicht nur die Menge an Energie oder ihre Verteilung, sondern auch ihre Dichte eine wichtige Rolle. Insbesondere sagt sie vieles darüber aus, wie wir uns in der Interaktion mit anderen Menschen verhalten und wie wir zu unseren eigenen Ideen oder Charakterzügen stehen. Es beleuchtet auch, wie es um unsere Kommunikation und unser Durchsetzungsvermögen steht.

Wenn jemand proportional viel mehr Partikel im körperinneren Feld hat als im -äußeren, bereitet es ihm Mühe, etwas von sich nach außen zu bringen. Das kann alle Lebensbereiche und -situationen betreffen: etwa am Arbeitsplatz, wenn man sich nicht traut, gute Ideen einzubringen; oder wenn man Schwierigkeiten hat, Emotionen zu zeigen. In solchen Fällen ist es möglich, das äußere Feld mit dem bewussten Hinzufügen von Energiepartikeln zu verdichten. Es löst zwar das Grundproblem nicht, aber für den Moment bringt es Erleichterung. So stellt sich das Gefühl ein, als ob man im Leben generell wieder mehr Platz hätte. Und das kann Mut machen, mehr von sich nach außen zu bringen, natürlich immer vorausgesetzt, man möchte das. Sie ahnen sicher schon, auch hierbei gibt es keinerlei Müssen.

Die Eigenschaften des Energiefeldes

Größe und Qualität eines Energiefeldes (körper-inneres und körper-äußeres) drücken sich aus durch:

- *Dichte:* Wie groß ist die Anzahl Partikel pro Quadratzentimeter?
- *Größe:* Nimmt das körper-innere Feld den Körper ganz ein oder sind nur Kopf und Oberkörper voll ausgefüllt? Ist die Dichte des körper-äußeren Feldes gleichmäßig über die gesamte Ausbreitung? Wie breit ist es?
- *Zentrum:* Wie aktiv ist das Zentrum? Wie stark ist die Energieproduktion? Wie viel Energie wird innerhalb einer bestimmten Zeit produziert? Wie schnell kommt die Energieproduktion in Gang, wenn man sich darauf konzentriert? Wie flexibel ist es?
- *Alter:* Wie alt sind alle Energien im Durchschnitt? Gibt es Regionen im Innen- oder Außenbereich, in denen unterschiedlich alte Energien vorhanden sind? Die Idee wäre, ein gleichmäßiges Alter der Energien herzustellen. Ältere im Körper vorhandene Energien deuten jedoch auf etwas hin, und man sollte sie nicht einfach entfernen, ohne ihre Herkunft genau zu untersuchen.
- *Der Zustand der einzelnen Bahnen oder Röhren:* Am Zustand der einzelnen Röhren erkennt man, ob der Betreffende ein »geübtes« oder »weniger geübtes« Energiefeld besitzt. Besonders bei Blockaden sollte dem Zustand der Röhren Beachtung geschenkt werden: Fließt zum Beispiel die Energie nicht durch eine bestimmte Röhre hindurch, obwohl diese in Ordnung ist, weist das eher auf einen mentalen Grund hin. Ist die Röhre verstopft oder teilweise beschädigt, kann davon ausgegangen werden, dass hier schon länger ein Problem vorhanden ist. In einem solchen Fall betrachte ich das

ganze Feld dieser Region und ergründe, ob energetische, mentale oder körperliche Ursachen vorliegen. Oft trifft alles zugleich zu. Wichtig ist zu wissen, dass es wenig Sinn macht, das Energiefeld wiederherzustellen, ohne die mentalen Blockaden zu lösen, da es sich mit der Zeit wieder den zugrunde liegenden störenden Denkweisen anpassen wird.

Störungen im Energiefeld

Fehlt einem Menschen die Erdung, ist dies beispielsweise daran ersichtlich, dass das innere Energiefeld bereits von den Knien abwärts an Dichte verliert. Es kann sogar schon weiter oben beginnen. Reicht das Energiefeld bis zu den Fußsohlen, jedoch nicht in den Boden hinab, ist ein weiterer wichtiger Gesichtspunkt die Proportion. Sind in dem Fall die seitlichen Anteile des Energiefeldes relativ breit, kann von einem Erdungsproblem ausgegangen werden. Wenn jedoch das gesamte Energiefeld nur wenige Zentimeter breit ist, handelt es sich nicht nur um ein Erdungsproblem, sondern man kann davon ausgehen, dass der Betroffene sich generell unwohl in der Umgebung fühlt. Gelöst werden kann das Erdungsproblem, indem der Mensch die Energie bewusst in die Erde schickt, oder umgekehrt die Erdenergie in sich aufnimmt. Beides sind mögliche Methoden, die einem auch zu erkennen helfen, warum man nicht geerdet ist.

Wird die Erdenergie als unangenehm empfunden, besteht hier weiterer Abklärungsbedarf. Wenn die Erdenergie als angenehm empfunden wird, liegt das Problem eher bei der Person selbst. Eine mögliche Variante von vielen dabei ist, dass sich dieser Mensch nicht traut, sich mit der Welt zu verbinden, weil er sich selbst als »nicht gut genug« einstuft. Ursache kann auch Heimweh nach einem bestimmten Platz, Ort oder Land sein. Jeder Umzug von einem Land in ein anderes oder von einer Stadt in eine andere kann Veränderungen im Energiefeld verursachen.

Unverarbeitete Ereignisse können Auslöser dafür sein, dass man nicht geerdet ist. Dadurch entsteht beispielsweise eine Ablehnung gegen das Leben selbst und man hält sich auf symbolische Art mental von ihm fern. Ebenso kann eine starke negative Bewertung der eigenen Füße oder Beine verursachen, dass man sein Energiefeld nicht bis zur und in die Erde hinein ausdehnt. Auch verschiedene Ängste zählen zu den Auslösefaktoren. Eine genaue Abklärung ist in jedem Einzelfall erforderlich.

Pauschal ist anzumerken, dass jeder Körperstelle, die abgelehnt wird, weniger Energie zur Verfügung steht als anderen, gemochten Stellen. Ein anderes Phänomen ist die Verlangsamung der Flussgeschwindigkeit der Energie in diesen Arealen. Um das Energiefeld an den ungeliebten Körperteilen wiederherzustellen, braucht es nur ein Annehmen dieser Stellen, was manchmal auch ein Akzeptieren der Unzufriedenheit beinhaltet. Es ist völlig normal und in Ordnung, bestimmte Körperteile von sich nicht zu mögen. Entscheidend ist, dass man dann dazu steht und ehrlich mit sich selbst ist. So lässt sich auch die Wiederherstellung eines intakten Energiefeldes erreichen. Anders gesagt, man muss den eigenen Körper nicht lieben, um ein gutes Energiefeld zu haben.

Die Gefühle interagieren teilweise auch mit dem Energiefeld, dazu ein paar Beispiele: Die Emotion Trauer hat sehr viel mit der Verbindung zur Welt zu tun. Wenn man Trauer verdrängt, kann dies das Gefühl der Einsamkeit erzeugen, und damit zieht sich das Energiefeld zurück. In einem solchen Fall gelingt es durch eine Übung oft sehr leicht, die Erde wieder »in sich aufzunehmen«. Während der Übung wird häufig auch die verdrängte Trauer gespürt.

Eine Emotion kann auch so stark verdrängt werden – zum Beispiel in die Beine oder Füße –, dass sie den lokalen Energiehaushalt dermaßen stört, sodass eine Erdung nicht möglich ist. Hierbei muss erst die Emotion wieder verschoben werden. Anschließend richtet sich das Energiefeld von selbst wieder ein.

→ *Übung: Mehr und bessere Energie*

Diese Übung ist dazu gedacht, das Energiezentrum anzuregen, mehr Energie zu produzieren. Wenn diese Energie dann durch den Körper fließt, findet eine Reinigung des Energiefeldes statt, da neue Energie die alte ersetzt.

Stellen Sie sich das Energiezentrum zum Beispiel als eine Kugel vor, die sich im Normalzustand langsam dreht – indem Sie sich darauf konzentrieren, können Sie die Drehgeschwindigkeit der Kugel beschleunigen, sodass sie mehr Energie produziert. Es kann natürlich auch etwas anderes sein, das Sie sich vor Ihr geistiges Auge holen. Solche Vorstellungen sind für den Anfang hilfreich, mit der Zeit brauchen Sie jedoch kein Bild mehr. Wichtig ist einfach die Vorstellung, dass an dieser Stelle im Körper Energie produziert wird.

Die Menge der Energie, die hervorgebracht werden kann, ist grenzenlos. Vorausgesetzt, Sie stellen sich das eben so vor. Das Energiefeld ist sozusagen gedankengesteuert. Wenn Sie zum Beispiel denken, dass Ihre Energie schnell aufgebraucht ist, dann passiert genau das auch meistens.

Wichtig für diese Übung: Sehen oder spüren Sie, wie die Energie durch den ganzen Körper und wieder zurück zum Energiezentrum fließt. Die Richtung ist dabei nicht von Bedeutung. Wählen Sie ein-

fach die, die Ihnen am angenehmsten ist. Als wirkungsvolle Visualisierungshilfe kann dabei die Vorstellung dienen, dass die Energie dem Blutkreislauf folgt.

Diese Übung füllt Ihren ganzen Körper mit neuer Energie, was einiges bewirkt. Es können Blockaden gelöst oder – was eigentlich noch wichtiger ist – überhaupt entdeckt werden. Wenn Sie die Übung regelmäßig machen, bekommen Sie ein immer besseres Gespür dafür, wo die Energie sehr leicht, wo sie weniger leicht oder wo sie gar nicht durchfließt. Zu Beginn jedoch kann es sein, dass Sie wenig oder gar nichts spüren. Dann brauchen Sie ein bisschen Geduld und Übungswillen. Doch Sie dürfen davon ausgehen, dass die Energie das macht, was Sie denken. ↑

Die Energie und unser Verhältnis zu unserem Körper

Das körper-innere Energiefeld sagt viel darüber aus, wie wir zu unserem Körper stehen. Wenn wir bestimmte Körperstellen ablehnen, fließt die Energie wie erwähnt an diesen Orten auch weniger gut. Wenn wir mit unseren Handlungen im Zwiespalt sind, kann sich das auf das Energiefeld von Händen oder Armen übertragen. Und wenn wir hauptsächlich im Kopf leben, bildet sich dort unter Umständen ein Energiestau. Auch in der Energieverteilung können sich Ungleichheiten ergeben. Vielfach gehen diese auf frühere Zeiten zurück. Damit meine ich ältere, noch im Körper vorhandene Energiemuster eines bestimmten Ereignisses, oft eines traumatischen Erlebnisses.

Falls sich diese Energien durch das Üben des Flusses im Energiefeld nicht integrieren lassen, bedeutet dies meistens, dass der Körper involviert ist und/oder emotionale Zusammenhänge eine Rolle spielen. Das Energiefeld ist also auch ein sensibles Instrument, um Fortschritte in der Verarbeitung eines Ereignisses auf anderen Ebenen zu messen. Ein Beispiel: Man spürt im Brustbereich einen Energiestau wegen eines traumatischen Erlebnisses, das sehr viel mit Trauer zu tun hatte. Der erste Schritt im Vorgehen ist nun, mit der Trauer zu arbeiten. Wenn die Trauerarbeit getan ist – wenn man also dieses Ereignis voll angenommen und integriert hat –, kann man wieder auf die energetische Ebene wechseln und beginnen, den Energiestau im Brustbereich zu beheben. Wenn dies gelingt, kann davon ausgegangen werden, dass die Trauerarbeit gut war, wenn nicht, arbeitet man weiter an der Trauer.

Zur Verdeutlichung möchte ich nochmals kurz erklären, was ich mit dem Integrieren eines alten traumatischen Ereignisses meine. Es geht dabei nur darum, dass man dazu steht, was ist. In vielen Fällen ist nämlich die eigene Meinung dazu zwiespältig. Von der geistigen Perspektive aus kann man sehr wohl nachvollziehen, dass man dieses schlimme Ereignis für den eigenen Weg brauchte. Aber als Mensch wünscht man sich vielleicht trotzdem, dass es nie geschehen wäre. Ganz wichtig ist deshalb, beide Meinungen, die man in sich trägt, gelten zu lassen. Man muss sich keinen Zwang antun, beides ganz anzunehmen, wenn man nicht kann oder nicht will. In diesem Fall sollte einfach der Teil von einem selbst, der etwas nicht akzeptieren kann, angenommen werden. Wir sind nicht nur Geist, sondern auch Mensch, und die persönliche Herausforderung liegt häufig darin, beide Meinungen in Frieden nebeneinander existieren zu lassen. Dann sind die beiden Anteile in uns eben nicht gleicher Meinung.

Wenn das Energiefeld zu klein ist

Ob die Probleme eines Menschen ausschließlich im Energiefeld begründet liegen, ist schwer festzustellen. Hier eine Auflistung von Aussagen oder Verhaltensweisen, die darauf hindeuten können, dass mit dem Energiefeld etwas nicht in Ordnung ist.

- *»Ich komme immer als Letzte dran«:* Wenn das äußere Energiefeld zu klein ist, im proportionalen Vergleich zum körperinneren zu wenig Dichte hat oder sogar ganz fehlt, wird man häufig von anderen Menschen weniger wahrgenommen. Die Folge ist, dass man zum Beispiel im Restaurant oder anderswo einfach nicht oder erst sehr spät bzw. zuletzt bemerkt wird.
- *»Man hört nie auf mich«:* Hier verhält es sich ähnlich. In einem solchen Fall ist es wichtig, auch das Selbstvertrauen zu überprüfen. Es kann nämlich sein, dass das Energiefeld intakt ist, das Selbstvertrauen jedoch nicht. Schwieriger sind die Fälle, bei denen das Selbstvertrauen gut ist, aber das Energiefeld nicht stimmt.
- *»Ich will am liebsten immer in der körperlichen Nähe von anderen sein«:* Wenn das äußere Energiefeld zu klein ist oder fehlt, wird körperliche Nähe gesucht. Beispielsweise wollen kleine Kinder – obwohl das Energiefeld bei Kindern eigentlich in Ordnung sein sollte –, oft in der Nähe ihrer Eltern sein (innerhalb von drei bis vier Metern). Es ist daher bei Kindern, die unbedingt bei den Eltern schlafen wollen, von Bedeutung, herauszufinden, ob sie damit ihr Energiefeld auszugleichen versuchen.

Es gibt noch weitere Symptome, die darauf hinweisen können, dass das äußere Feld fehlt oder zu klein ist: sich nirgends zu Hause fühlen, Schwindel, Blutdruckprobleme, Gleichgewichtsstörungen.

Es gibt zwar äußere Ursachen von Störungen, aber da ist immer auch eine innere Entsprechung. Theoretisch können uns äußere Faktoren nichts anhaben, wenn wir das eigene Feld völlig ohne Widerstand halten können. Das ist der eigentliche Schutz. Darauf werde ich weiter unten noch detailliert eingehen.
Beispielsweise die Geschäftswelt zeigt oft deutlich, wie das körper-äußere Energiefeld und die Emotionen interagieren. Dabei kann es um Wut gehen, wobei diese Emotion zudem verdeutlicht, dass das äußere Feld sehr viel mit Kommunikation zu tun hat. Es können aber auch Trauer, Liebe oder Glück dabei sein. Wenn das äußere Feld zu klein ist, kann die Wirkung, die man auf seine Mitmenschen hat – ob Wut mit im Spiel ist oder nicht –, beeinträchtigt sein. Der Effekt der Gefühle bzw. ihre Wirkung hängt stark von der Größe des äußeren Energiefeldes ab. Genau das ist in geschäftlichen Auseinandersetzungen gut zu beobachten. Es gibt Menschen, die in Konfliktsituationen ihren Willen sehr gut durchsetzen können, und andere, denen das nicht gelingt. Für sie ist das oft sehr ärgerlich, weil Erfolg oder Misserfolg häufig wenig von der Qualität der Argumente abhängen. So kann man eine tolle Idee haben, aber die Mitarbeiter oder Kollegen scheinen sich nicht dafür zu interessieren oder überhören es. Dies sind vielfach Nebeneffekte eines zu kleinen äußeren Energiefeldes.

Essstörungen

Essstörungen stehen häufig im Zusammenhang mit dem äußeren Energiefeld. Ich habe schon mehrmals beobachtet, dass bei Magersucht mehr das Energiefeld wahrgenommen wird als der Körper selbst. Ist dies der Fall, fühlen sich die Betroffenen viel dicker, als sie körperlich tatsächlich sind – und sie sind sich dabei sehr sicher. Aus ihrer Perspektive gesehen stimmt das ja auch, das Energiefeld ist viel größer als der Körper. Und wenn jemand darauf beharrt, schon zuzunehmen, wenn er das Essen nur anschaue, hat er – wieder von seiner Sichtweise aus betrachtet – ebenso recht. Denn: Wenn jemand, ohne es zu realisieren, ein sehr gutes Gespür für Energiefelder besitzt, kann er fühlen, wie sich das eigene Feld vergrößert, noch bevor das Essen im Magen gelandet ist, also während es noch vor ihm auf dem Teller liegt.

Es gibt noch andere Faktoren, die manchmal ebenso eine Rolle spielen können, zum Beispiel das Ablehnen bestimmter Farben. Dies aus ähnlichen Gründen: Gewisse Farben haben ein stärkeres Energiefeld als andere, und deswegen können sie wie eine Bedrohung wirken. So werden Lebensmittel – aber auch Kleider oder Gegenstände in der Wohnung – ebenfalls aus diesem Grund abgelehnt oder bevorzugt.

Menschen, die aus den genannten Gründen nicht essen wollen, haben nicht die üblichen psychischen Hintergründe, die für Magersucht typisch sind. Sie versuchen vielmehr unbewusst, ihr Energiefeld kleiner zu machen. Um dies zu erreichen, wählen sie Nahrungsmittel, die möglichst wenig Ausstrahlung haben. Während beim üblichen Abnehmen auf die Kalorien geachtet wird, nützt dieses Vorgehen Menschen mit Energiefeldproblemen wenig, da das Energiefeld von Lebensmitteln keinen Bezug zu den Kalorien hat. Es gibt Esswaren mit sehr vielen Kalorien, aber einem kleinen Energiefeld, und umgekehrt. So sind solche Menschen oft verzweifelt, weil sie gewissermaßen mit dem falschen Maß messen: Sie haben ständig das Gefühl, stark zuzunehmen, obwohl sie zu hören bekommen, dass sie andauernd abnehmen.

Daher ist es sehr wichtig, Menschen mit Essstörungen zuzuhören und ihre Aussagen ernst zu nehmen. Am besten ist es natürlich, die auf diese Art Betroffenen zu lehren, den Körper vom Energiefeld zu unterscheiden und auch die Energiefelder von Lebensmitteln wahrzunehmen. Das Geschilderte gilt natürlich auch im umgekehrten Fall: Wenn Menschen mit einem zu kleinen äußeren Energiefeld es zu vergrößern versuchen, indem sie mehr zu sich nehmen, als nötig wäre, können sie übergewichtig werden. Das Essen hat logischerweise keinen oder nur wenig Effekt auf das Energiefeld.

Blutdruckprobleme

Ein weiteres Phänomen, das sehr häufig mit dem Energiefeld zusammenhängt, ist ein zu hoher Blutdruck. Ich hatte mehrere Klienten mit hohem Blutdruck, aber ohne sonstige Erkrankung. Jedes Mal stand dies in Bezug zu einem zu häufig sich entfernenden körper-äußeren Energiefeld. Ich kann das vielleicht anhand der Schilderung eines extremen Falles verdeutlichen. Ein Mann praktizierte eine mehrere Stunden dauernde intensive Meditationsübung mit Anleitungskassetten, mit dem Ziel, die Erde im Geiste zu verlassen. Er bekam dabei eine schwere Blutdruckkrise. Dieses Ereignis lag zwar schon mehrere Jahre zurück, aber der Blutdruck blieb danach stark erhöht und nur mit Mühe medikamentös in den Griff zu bekommen. In diesem Fall war nicht nur der Geist auf Reisen gegangen, sondern auch das Körperenergiefeld.

Die Schwierigkeit liegt hier in einer klaren Unterscheidung: zwischen der geistigen Energie, die nicht an Raum und Zeit gebunden ist, und dem körpereigenen Energiefeld, das sehr wohl an Raum und Zeit gebunden ist und sich nicht sehr weit vom Körper entfernen kann, ohne dass ein Problem auftritt.

Wenn sich das Energiefeld entfernt

Wenn wir einem anderen Menschen sehr intensiv zuhören – das kann im freundschaftlichen wie auch im therapeutischen Rahmen sein –, dehnt sich das Energiefeld sehr häufig aus und nimmt die Form eines horizontalen Wassertropfens an. Das bedeutet, wir hören diesem Menschen nicht nur im Geiste zu, sondern vermischen uns in diesem Moment auch mit ihm. Dies führt oft dazu, dass wir uns zu dem Zeitpunkt diesem anderen ähnlich fühlen. Manchmal bleibt das noch eine Weile hängen, auch nachdem der andere schon gegangen ist. Für einen Therapeuten kann das mühselig sein, es macht müde, er fühlt sich weniger objektiv, er wird in fremde Geschichten hineingezogen und braucht oft relativ lange, bis er sich auf den nächsten Klienten einstellen kann. Im zwischenmenschlichen Bereich kann es ebenso erschöpfend sein, weil man die Gefühle des Gegenübers zu stark mitempfindet. Ob das der Fall ist, können wir gut feststellen, indem wir die Aufmerksamkeit auf den Stuhl, auf dem wir beim Zuhören sitzen, richten. Wenn wir den Stuhl nicht mehr spüren und generell die körperliche Wahrnehmung zurückgegangen ist, sind die Chancen groß, dass unser Energiefeld zu weit in die Richtung der anderen Person ausgedehnt ist.

Dies zu korrigieren ist leicht: Wir halten die Aufmerksamkeit beim Zuhören immer ein Stückchen beim Stuhl. Oder wir nehmen einen Gegenstand in die Hand, mit dem wir etwas herumspielen, jedoch nicht automatisch, sondern bewusst. Das sind nur zwei von vielen Möglichkeiten, und mit der Zeit gewöhnen wir uns daran, das Energiefeld ohne sonstige Aktivitäten bei uns zu behalten.

Bei Menschen mit Blutdruckproblemen zeigt die Erfahrung, dass sich ihr Energiefeld über vier Meter hinaus entfernt, und dies sehr häufig. Die Gründe dafür sind jedoch nicht bei allen Menschen die gleichen. In einem mir bekannten Fall war es einfach

ein tiefer innerer Wunsch, an einem anderen Ort zu sein. Dieser Mensch hatte sehr viele Tagträume, in denen er nicht mehr zu Hause, wo er tatsächlich war, sondern in den Bergen oder am letzten Ferienort weilte. Es war ihm so zur Gewohnheit geworden, dass er sich nichts dabei dachte. Und wenn er irgendwo hinging, war er häufig im Geiste schon da, bevor er tatsächlich angekommen war. Um diesem Klienten zu helfen, habe ich ihm den Unterschied zwischen dem geistigen Reisen mit und ohne Energiefeld gezeigt.
Üben kann man das, indem man sich bewusst im Geist irgendwo hindenkt – es muss zu Beginn nicht weit sein, das Zimmer nebenan reicht –, während man sich zur gleichen Zeit auf die körperliche Wahrnehmung des Ortes konzentriert, an dem man sich tatsächlich befindet. Am Anfang kann das vielleicht noch etwas schwierig sein. Die genannte Person bemerkte aber sehr schnell den Unterschied und freute sich über ein noch schnelleres Reisen als vorher. Der Geist liebt es zu reisen. Und wenn das Körperenergiefeld stabil bleibt, ist er sogar noch schneller und beweglicher. Wichtig während einer solchen Reise ist das Bewusstsein vom eigenen Körper. Dies kann, wie gesagt, zu Beginn etwas lästig sein, weil man das Gefühl hat, nicht ganz weg zu sein. Aber dieses Gefühl verschwindet nach einigem Üben, und es wird leichter als vorher (Näheres dazu in Anhang 2).

Die Wahrnehmung anderer Felder

Das Energiefeld eines anderen Menschen wahrzunehmen, übt man am Anfang am einfachsten, indem man die rechte oder linke Hand in einer Distanz von zehn bis fünfzehn Zentimetern vom Körper des anderen entfernt hält. Das Erste, was viele spüren, ist ein Prickeln oder Wärme. Vielleicht spürt man auch gar nichts. In dem Fall sollte man es häufiger wiederholen oder mit verschiedenen Menschen ausprobieren. Anfänglich nimmt man das Energiefeld seines besten Freundes weniger gut wahr als das von jemandem, den man nicht kennt. Die Erklärung ist einfach: Wir haben uns an die Menschen gewöhnt, mit denen wir die meiste Zeit verbringen. Mit etwas Übung ändert sich dies, es ist nur eine Frage der Zeit (siehe unten stehende Übungen). Man kann versuchen, das ganze Feld eines anderen Menschen abzutasten. Dies ist natürlich umso aufwendiger, wenn man genauer über Größe und Dichte Bescheid wissen will.

Letztendlich nimmt man andere Felder am besten über das eigene wahr – über Resonanz. Doch wenn das eigene Feld zwei Meter misst, ist es schwierig, eines von vier Metern wahrzunehmen beziehungsweise seine genauen Eigenschaften zu beschreiben. Deshalb sollte man zuerst die Dichte der Partikel im eigenen körper-äußeren Energiefeld kennen. Das erfordert ein bisschen Übung: Versuchen Sie über längere Zeit, das eigene Energiefeld wahrzunehmen. Danach können Sie üben, sich mit dem Geist die »Dichte« bildlich vorzustellen. Einige machen das mittels Farbverläufen, dunklere Farben stehen dann zum Beispiel für mehr Dichte und hellere für weniger. Es gibt noch viele andere Darstellungsmethoden, mit denen Sie üben können.

Wenn Sie damit vertraut sind, beginnen Sie, vergleichend das Feld eines anderen wahrzunehmen. So können Sie dann sehr leicht sagen, ob es mehr oder weniger Dichte hat. Anschließend könnten Sie auch die Dichte im körper-inneren Feld wahrnehmen.

→ *Wirkungsvolle Energieübungen*

Energieübungen im Freien

Die Übungen mit den Elementen sind für mich sehr grundlegend. Sie verschärfen die Wahrnehmung von Energien, und man lernt in dieser Dynamik auch einiges über sich selbst. Zu Beginn gehen Sie am besten in die freie Natur, also um das Energiefeld des Wassers zu erfassen zum Beispiel an einen Bach oder See. Später können Sie diese Übung auch zu Hause in der Badewanne machen. Es geht dabei darum, die Elemente jeweils in ihrer ursprünglichsten Form unterscheiden zu können.

Wasser

Suchen Sie sich eine Wasserfläche und gehen Sie so nah wie möglich heran. Nun versuchen Sie, mit einer Hand die Energie des Wassers wahrzunehmen, indem Sie sie im Abstand von etwa zehn Zentimetern über die Wasseroberfläche halten. Es kann sein, dass Sie zunächst nicht viel spüren, das ist aber nicht entscheidend. Wichtig ist, dass Sie die Unterschiede in den Energiefeldern der Elemente bemerken – und dazu sollten Sie sich in jedes einzelne eine Weile einspüren. Die Energie eines Baumes fühlt sich ganz anders an als die des Wassers. Probieren Sie möglichst viele Materialien aus und fühlen Sie ihre Wirkung.

Holz

Hier gehen Sie ebenso wie beim Wasser vor. Am besten wählen Sie beim ersten Mal einen Baum aus. Versuchen Sie wiederum wahrzunehmen, wie seine Energie auf Sie wirkt.

Luft

Luft ist überall um uns herum. Für diese Übung richten Sie den Blick idealerweise himmelwärts und beobachten so die Wirkung der Energie auf Sie.

Erde

Suchen Sie einen Garten, einen Park, ein Feld oder einen Ort auf, an dem Sie mit Erde in Verbindung treten können. Verfahren Sie genauso wie in den anderen Beispielen.

Energieübungen im Haus

Im Übungsablauf unterscheidet sich das Vorgehen nicht von den eben genannten Fällen, lediglich die Basismaterialien sind andere: verarbeitetes Holz, Stoff, Stahl, Porzellan, Glas, Plastik und was Sie sonst noch so finden. ↑

Bei diesen Übungen geht es in erster Linie darum, Erfahrungen zu sammeln und sich dabei ein inneres Register mit den energetischen Wirkungen verschiedenster Materialien aufzubauen.

→ *Wie man sich schützt*

Wenn mit verschiedenen Energiefeldern geübt wird, diskutiert man oft darüber, inwieweit man sich schützen müsse, um nicht von anderen Energien überrollt zu werden. Nach vielen Jahren des Ausprobierens bin ich zum Schluss gekommen, dass der beste Schutz kein Schutz ist. Wieso das? Der Gedanke, dass wir uns schützen sollten, beinhaltet schon automatisch die Vorstellung, dass wir irgendwo eine Schwäche haben. So empfehle ich heute, völlig ohne Widerstand sein eigenes Energiefeld zu halten und alles andere hindurchgehen zu lassen – einfach mitbewegen, mitschwingen. Wir sind Teil von allem und jedem. Und jede Idee eines energetischen Schutzes beinhaltet eine Trennung.

Dazu eine Übung: Sie eignet sich am besten für kleine Gruppen, man kann sie aber auch allein in einem überfüllten Einkaufszentrum durchführen. Macht man die Übung mit einigen Freunden, geht es darum, dass sich alle bewusst nicht schützen und die Energien aller durch sich hindurchlassen. Man steht in einem Kreis, einer in der Mitte. Der Kreis sollte klein sein und die Distanz zu demjenigen in der Mitte sollte als zu nah empfunden werden. Ich praktiziere die Übung deshalb auf diese Weise, weil so von dem in der Mitte schneller bemerkt wird, ob die anderen sich zu schützen versuchen oder nicht. In dem Moment, in dem man denkt, mehr Raum zu brauchen, merkt man, dass sich die äußeren Partikel verdichten. Im Versuch, die anderen Energien wegzuschieben, spürt man erst recht, wie diese Druck auf einen ausüben. Wenn man aber in Gedanken jeder Energie seinen Platz lässt, erhält man – auch in der Mitte des Kreises – ein angenehmes Gefühl. Man kann dann das eigene Feld so groß machen, wie man möchte, ohne dass einen die Anwesenheit der anderen Felder stört.

Wichtig ist dabei, genau zu wissen, was man macht. Wenn man die eigenen Reaktionen kennt und – allenfalls durch ein Umdenken – realisiert, dass man sich gegen keine Energien zu schützen braucht, gibt einem das sehr viel Freiheit. Insbesondere für sensitive Menschen, die sich sonst eher von Menschenmengen fernhalten, ist dies sehr hilfreich. Für mich verhält es sich genauso, weil ich jede Energie wahrnehme. Weil ich mich nicht schütze, werde ich von keiner einzigen Energie gestört. Ich lasse alles durch und stelle damit keine Aufprallfläche zur Verfügung. ↑

Anhang 2: Geistiges Reisen

Das Vorgehen

Was ich unter »geistigem Reisen« verstehe, bezeichnen andere als »außerkörperliche Erfahrungen«. Es gibt sehr viele Bücher zu diesem Thema und mindestens ebenso viele verschiedene Techniken. Einige dieser Anleitungen sind aber relativ kompliziert, andere ängstigen eher, vor allem wenn sie mit der Idee verbunden sind, dass man während der Reise erstens mit dem Körper mittels eines Fadens verbunden bleiben müsse und zweitens auch aufpassen solle, dass man den Weg zurück in den Körper findet.

Ich arbeite mit einem Konzept, das wir alle kennen: das Kopieren. Dabei erstellt man eine geistige Kopie von sich und projiziert diese an den Ort, an den man möchte. Hat man die Übung oder Reise abgeschlossen, verschwindet die Kopie einfach, weil man die Projektion ähnlich wie bei einem Diaprojektor beendet. Wenn man möchte, kann man die Kopie aber auch vor Ort belassen, das kann man selbst entscheiden. Auf jeden Fall muss man sich nicht darum kümmern, wie man wieder zurückkommt oder die Verbindung zu seinem Körper hält.

Mein Credo bei allen Dingen ist: Gestalte es dir so einfach wie möglich. Und das gilt natürlich auch für die Vorgehensweise hier. Mit meiner Methode kann man sich voll auf das geistige Reisen selbst konzentrieren. Zudem sind Ängste bezüglich des Körperverlusts überflüssig. Entscheidend ist für mich, dass diese geistige Kopie eine wirklich gute ist – so gut, dass einem unterwegs auch die Sinne des Körpers zur Verfügung stehen.

Ich erinnere mich noch sehr gut an eine meiner Reisen in eine »andere« Welt. Ein Geistwesen hatte mich mitgenommen, und als ich dort ankam, wollte es, dass ich mit ihm eine kurze Strecke spazieren gehe. Das war mir aber nicht möglich, denn ich war ja nur ein Augenpaar. Mein Geistkörper hatte keine Beine, keine Hände gebildet. Auch kommunizieren konnte ich nur telepathisch, da ich ja keinen Mund besaß. Bewegen konnte ich mich zwar, aber nur indem ich mich Stück für Stück weiterdachte – aus der Perspektive des Geistwesens gesehen verschwand ich kurz und tauchte dann einen Meter weiter vorn wieder auf. Ich fragte deshalb, was ich denn tun könne, um richtig in dieser anderen Welt zu sein. Denn ich wollte mit den Wesen dort reden, ihnen die Hände schütteln oder auf etwas sitzen und mich ebenso bewegen können, wie ich das mit dem physischen Körper kann.

Inzwischen habe ich es herausgefunden. Wie Sie dieses Reisen ebenso bewerkstelligen können, werde ich im Folgenden erklären. Prämisse ist, den Bezug zum realen Körper ganz herzustellen. Führen Sie deshalb zunächst die Übungen mit den Energiefeldern durch, wie in Anhang 1 beschrieben. Die Vorübungen sind zugleich Übungen zur Verbesserung des eigenen Körperbewusstseins. Unter gutem Körperbewusstsein verstehe ich nicht, den Körper gut fühlen oder spüren zu können. Dies gelingt nur, wenn Spüren und Fühlen generell im Vordergrund Ihrer Wahrnehmung stehen. Wie Sie die Übungen empfinden werden, ist abhängig davon, zu welchem Typ Sie gehören. Spüren Sie mehr den Körper, dann werden Sie auch die Energie im Körper gut wahrnehmen. Sind Sie stärker im Geist, werden Sie möglicherweise zunächst gar nichts spüren, was jedoch normal ist und nicht für einen schlechten Bezug zu Ihrem Körper spricht. Möglicherweise wird sich die Wahrnehmung mit der Zeit verändern, das muss sie aber nicht. Wichtig ist, die Übung trotzdem durchzuführen, weil so im Geist ein Bild des Körpers entsteht. Der Geist verbindet sich genauso mit dem Körper wie bei allen anderen Menschen auch, nur ist das für Geisttypen nicht so spürbar.

Bei gefühlsorientierten Menschen besteht die Möglichkeit, dass durch die energetischen Übungen bestimmte Gefühle ausgelöst werden. Führen Sie sich dann immer wieder vor Augen, dass Energien weder gut noch schlecht, sondern neutral sind. Gefühlsmenschen wird die Übung unter Umständen dadurch erschwert, dass beim Auftauchen eines unangenehmen Gefühls die Energie ebenfalls als unangenehm wahrgenommen wird. Im Umkehrschluss gilt dies natürlich auch für angenehme Gefühle und Energien. In solchen Fällen ist es hilfreich, die Gefühlsübungen zu machen, die Sie im Kapitel über die Gefühle finden. Das wird Ihnen erleichtern, die Gefühle weniger als positiv oder negativ einzustufen, sondern sie so zu nehmen, wie sie sind. Infolgedessen wird die eigene energetische Wahrnehmung auch geringer von den Gefühlen geprägt sein.

Das Geistige Reisen in der Praxis

Das Herstellen einer Kopie

Haben Sie die in Anhang 1 beschriebenen Energieübungen gemacht, sind Sie gerüstet fürs geistige Reisen. Der erste Schritt dazu ist das Herstellen einer »geistigen Kopie« von Ihnen. Stellen Sie sich vor, dass eine durchsichtige Kopie von Ihnen neben Ihnen steht. Diese Kopie sollte genau den gleichen Körper besitzen wie Sie – weder kleiner oder größer, noch dicker oder dünner sein. So wird bei ihr auch das Energiefeld sichtbar. Wenn Sie zum Beispiel am Körper eine Stelle haben, an der weniger Energie vorhanden ist, ist bei der Geistkopie an dieser Stelle auch weniger zu sehen.

Haben Sie die Kopie erstellt, versuchen Sie, mit ihr etwas umherzugehen. Dabei sollten Sie sich so normal wie möglich bewegen, auch mit ganz normalen Armbewegungen. Idealerweise üben Sie das am Abend: Während Sie im Bett liegen, können Sie den Geistkörper im Zimmer umhergehen lassen.

Grundlegend bei dem Vorgang sind das Kopieren und das Projizieren. Es ist wie im Kino oder beim Fernsehen. Der Film wird auf den Bildschirm projiziert. Stoppt man das Projizieren, verschwindet der Film.

Reisen an fernere Orte

Wenn Sie das Gehen mit der Kopie beherrschen, können Sie versuchen, dem Gesetz der Schwerkraft zu trotzen, indem Sie Salti schlagen, die Wand hochlaufen, an der Decke spazieren gehen usw.

Ein nächster Schritt wäre, sich etwas weiter zu entfernen. Ich empfehle, einen Ort zu besuchen, an dem Sie tatsächlich schon einmal waren, sodass Sie sich nicht allzu viele Gedanken darüber machen müssen, wie es dort aussieht. Das kann zum Beispiel Paris mit dem Eiffelturm sein, den die meisten Menschen aus eigenem Erleben kennen. Die Idee dahinter ist, dass Sie sich auf etwas Erhöhtes projizieren und versuchen, die dort vorherrschende Stimmung zu spüren. Der Geist nimmt die Materie nicht so wahr, wie unsere Augen die Welt sehen. Da der Geist für die unsichtbare Information zuständig ist, ist es ratsam, sich vorerst auf diese zu konzentrieren. Man kann Energien wahrnehmen, andere Wesen, Gefühle, und man kann mit der Materie am jeweiligen Ort zu kommunizieren versuchen.

Die Wahrnehmungen stimmen immer, doch es gibt so viele parallele Universen, die fast gleich aussehen wie unsere – und alle Zeiten existieren auch. Daher ist es eine Präzisionsarbeit, sich an die richtige Stelle zu projizieren. Doch ich bin überzeugt, dass Ihnen das Erfahren von allen möglichen Welten sehr viel Spaß macht, auch wenn sich diese Erfahrungen kaum schwarz auf weiß nachweisen lassen. Es ist ähnlich wie im Urlaub, man erfährt ganz neue Dinge und macht interessante Bekanntschaften.

Interaktion mit anderen Wesen

Sind Sie darin etwas geübt, können Sie sich an die Interaktion mit einem anderen Wesen wagen, wie schon gesagt, eignen sich Tiere zu Beginn sehr gut, auch deshalb, weil viele Menschen Angst vor Geistwesen haben.

Was auch sehr schön ist: Versuchen Sie unseren Planeten vom Weltall aus wahrzunehmen. Sie können dabei auf dem Mond sitzen oder auf einem fernen Stern. Und schauen Sie auch, wem Sie dort so alles begegnen … Die Vielfalt der

Lebewesen scheint mir unendlich groß. Das geistige Reisen ist keine Tätigkeit, die einen realen Sinn ergibt, aber es ist unglaublich spannend, einmal mit jemandem zu kommunizieren, der nicht von hier ist, und zu hören, was solche Wesen über unsere Lebensform denken.

Zusammenfassend lässt sich sagen, dass man so entdecken kann, wie umfassend wir sind. Jede Interaktion ist wie das Kennenlernen eines anderen Teilchens von uns selbst.

Anhang 3: Information aus dem Informationspool downloaden

Im folgenden Abschnitt können Sie lernen, »unsichtbare« Information zu »sehen«. Da es sich um das Empfangen von Information handelt, verwende ich dafür die zeitgemäßen Begriffe »downloaden« oder »herunterladen«.

Die Rolle des Egos beim Herunterladen

Mit der Information, die es herunterzuladen gilt, meine ich eine, die sich nicht in unserem eigenen Gedächtnis befindet, sondern die wir aus dem sogenannten Informationspool holen. Wir geben ihr dann eine Gestalt, etwa in Form eines Bildes. Wir können das mit einem ans Internet angeschlossenen PC vergleichen, über den wir mit einer Suchmaschine arbeiten. So verwenden wir auch beim Herunterladen von Information Suchbegriffe. Das wichtigste Prinzip dabei ist, das Gesuchte so genau wie möglich in Worte zu fassen. Gehen wir in diesem Vergleich mit dem PC noch etwas weiter: Wir können das Ego als die Instanz, die die Festplatte verwaltet, bezeichnen. Die Festplatte steht hier für das eigene Gedächtnis. Der Geist stellt die Internetverbindung dar. Das Internet selbst symbolisiert den Informationspool. Das Ego organisiert die Suche, definiert die Suchbegriffe und sorgt für die bildliche Darstellung. Der Geist kann das zwar auch, aber lange nicht so präzise wie das Ego, er produziert eher schwammige Bilder. Deswegen konzentriert man sich hierbei auf das Ego, das ein sehr präzises Suchen nach bestimmten Informationen erlaubt.

Bei einer Version der heute gängigsten Suchmaschine werden nach der Eingabe eines Suchbegriffs auch die Resultate angezeigt, die sich auf der eigenen Festplatte befinden. Auf dem Bildschirm wird sehr klar dargestellt, welche Information von wo kommt. Machen wir das Ganze in unserer eigenen Vorstellung, haben wir diese automatische Unterteilung der Suchergebnisse natürlich nicht. So ist es für viele das größte Problem, zwischen diesen beiden Kategorien unterscheiden zu können. Das führt dann – auch in meinen Kursen – zu der am häufigsten gestellten Frage: »Bilde ich mir das jetzt ein (kommt die Information von mir) oder ist das tatsächlich so?« Die Lösung liegt darin: Man kann leichter unterscheiden, was woher kommt, wenn man weiß, was sich auf der eigenen Festplatte – also im Gedächtnis – befindet. Die Instanz, die sich damit am besten auskennt, ist das Ego.

Wie Sie aus dem ersten Kapitel wissen, versuchen viele Leute ihr Ego »abzulegen« (und verdrängen es damit), weil sie sich auf einen sogenannten spirituellen Weg begeben haben. Eine erfolgreiche Möglichkeit dazu soll gemäß einer verbreiteten Theorie das Beenden des Positiv-Negativ-Denkens sein. Vor allem das negative Denken ist verpönt. So versuchen sich solche Menschen hauptsächlich im Geist (das wäre in unserem Vergleich das Internet) aufzuhalten und vergessen dabei, was im eigenen Gedächtnis (der Festplatte) ist. Sie können deswegen meistens sehr schlecht zwischen dem unterscheiden, was sie selbst denken, und dem, was von außen an Information auf sie zukommt. Hier geschehen auch die meisten Fehler. Viele Menschen denken, dass sie deshalb nicht in der Lage sind, Informationen aus dem Informationspool zu empfangen und zu verbildlichen, weil die Information »fehlerhaft« sei. Technisch gesehen gibt es aber keine falsche Information. Diese Menschen haben sich lediglich die falschen Suchergebnisse angesehen.

Es gibt zwei Möglichkeiten, sich zu trainieren, um die Suchergebnisse besser auseinanderhalten zu können:

1. das Ego trainieren,
2. eine feste Abfolge beim Abfragen von Informationen einhalten, zum Beispiel könnte man zuerst immer das Datum oder die Zeitspanne erfragen, danach, von wem genau die Information kommt, und danach das Thema selbst.

Das Ego trainieren

Wie lässt sich das Ego trainieren? Es gibt dazu nur eines: werten, werten und nochmals werten. Positiv denken, negativ denken – über alles Mögliche, was einem am Tag so begegnet. Ziel ist außerdem, dies mit der Zeit schneller zu können. Man kann es damit vergleichen: Wenn das Ego Räder hätte, müssten die geschmiert werden, um sich schnell drehen zu können, ohne gebremst oder gar blockiert zu werden. Dies lässt sich im Alltag üben: Dabei üben Sie, die Gedanken, die Sie über Menschen, die Ihnen begegnen, Situationen und

Dinge so haben, bewusster und ausführlicher zu denken. Die Gedanken sind ständig da, das ist der »Normalzustand«. Verdrängt jemand sein Ego, heißt das nicht, dass er keine Gedanken mehr hat, nur seine Wahrnehmung der Gedanken ist blockiert. Die Gedanken selbst sind nach wie vor anwesend.

Eine weitere Möglichkeit ist das freie Assoziieren, eine Technik, die aus der Psychoanalyse bekannt ist. Ich verwende sie in einer für meine Bedürfnisse angepassten Weise. Wer sich für die ursprüngliche Technik interessiert, wird bei Freud fündig. Meine Anwendung geht dahin, dass man ein Wort nimmt und alles denkt, was einem dazu in den Sinn kommt.

Praktische Anwendung im Alltag

Das Herunterladen von Informationen kann für vieles benutzt werden. Im Folgenden werde ich ein Beispiel für die praktische Anwendung im Alltag ausführlich beschreiben. Dabei widme ich mich auch eingehend dem Ego. Das Herunterladen von Informationen eignet sich sehr gut, um das »Sehen« in einem entspannten Umfeld zu trainieren. Je öfter man es bei sich selbst anwendet, desto mehr gewöhnt man sich daran und desto leichter wird es, es danach ebenso bei anderen anzuwenden. Als Einstimmung zum folgenden Training empfehle ich, die Übungen mit dem Körperenergiefeld (siehe Anhang 1) zu machen.

Gefühle herunterladen

Wenn wir Gefühle herunterladen möchten, ist es sehr wichtig, diese im Voraus genau zu bestimmen. Das könnte an einem Beispiel erklärt etwa so vor sich gehen: Ich möchte/sollte eine Fremdsprache lernen, doch ich bin sprachlich nicht so begabt. Nun gibt es Menschen, die eine neue Sprache sehr leicht lernen können. Also benötige ich dieses Gefühl, das solche Menschen haben. Und es gibt Menschen, die diese Sprache schon sprechen. Auch dieses Gefühl könnte mir helfen. Beide kann ich mir herunterladen.

Man sollte sich genügend Zeit nehmen, um sich alles, was man in Bezug auf die gewünschte Sprache über sich selbst denkt, durch den Kopf gehen zu lassen. Und ebenso darüber, was man hinsichtlich seiner Begabungen, eine Sprache zu erlernen, denkt. Wenn ich den Vergleich mit dem PC für dieses Beispiel heranziehe, hieße das: die eigene Festplatte genau unter die Lupe nehmen und alle darauf befindlichen Informationen zu diesem Thema in Gedanken durchgehen.

Meistens wird schon früh im Leben beurteilt, ob jemand sprachbegabt ist oder nicht. Ich kann nun nicht sagen, inwiefern solche Aussagen stimmen. Es geht mir nur darum: Was kann man tun, wenn man jetzt eine Fremdsprache lernen will oder soll? In einem solchen Fall steht einem der Gedanke, in Sprachen nicht gut zu sein, im Weg – egal, ob er stimmt oder nicht.

Von der geistigen Perspektive her gesehen, tragen wir alle alles in uns. Über den Geist sind wir alle miteinander verbunden. Aus Sicht des Egos wählt jeder unterschiedliche Aspekte zum Ausprobieren. So gesehen sind wir alle verschieden. Daher hängt es von der Perspektive ab, ob eine heruntergeladene Information von außen oder von uns selbst kommt. Dies jedoch nur als Nebenbemerkung, sonst wird das Ganze zu kompliziert, da es ja darum geht, die Information als von außen oder von innen kommend unterscheiden zu können.

Wenden wir uns in Schritten der Zielsetzung zu, eine Fremdsprache möglichst schnell und leicht zu erlernen, ohne Abwehr zu empfinden.

→ *Übung*

Schritt 1 – Gedanken und Erinnerungen wieder ins Bewusstsein bringen:

Nehmen Sie sich Zeit, um sich bewusst alle Gedanken, Bilder und Gefühle aus der Erinnerung wieder ins Bewusstsein zu bringen. Dies kann schnell gehen, aber es kann auch sein, dass Sie eine halbe Stunde dafür brauchen. Sie können das machen, indem Sie jemandem davon erzählen. Wie dies aussehen könnte, beschreibe ich hier etwas stereotyp und leicht übertrieben, um es klar verständlich machen zu können: »In der Schule war ich nicht gut in Französisch, ich hatte kein Gefühl für die Sprache und verstand sie nur schlecht. Der Lehrer mochte mich nicht, und deswegen war ich auch nicht gut. Ich hatte Angst vor den Prüfungen, und ich mochte dann auch die Sprache selbst überhaupt nicht mehr. Wenn ich jetzt daran denke, kommen alle diese schlechten Gefühle und Gedanken wieder hoch. Ich sehe den Lehrer noch vor mir, wir er sagt, dass ich es wieder falsch gemacht habe. Ich bin überhaupt nicht begabt in Sprachen, eher in technischen Fächern.«

In diesem Beispiel hängt vieles mit dem Lehrer zusammen. Deshalb denken Sie jetzt darüber nach, wie es gewesen wäre, wenn Sie damals einen tollen Lehrer gehabt hätten. Nehmen Sie sich wiederum Zeit, um auch die dazu aufkommenden Gefühle wahrzunehmen.

Sie wissen, dass Sie ein Gefühl herunterladen wollen. Dabei gehen Sie vom Informationspool aus, in dem alles ist – unter anderem auch alle Gefühle, die man erleben kann. Es folgt also Schritt 2.

Schritt 2 – Behälter für die Information bereitstellen:
Wenn wir uns nochmals den Vergleich mit dem PC in Erinnerung rufen, wäre ein solcher Behälter etwa vergleichbar mit einem USB Stick. Schritt 2 stellt eine Art Zwischenschritt dar. Ich empfehle sehr, sich diesen zur Gewohnheit zu machen. Denn damit lässt sich die Information zu jeder Zeit wieder entfernen, falls man das möchte. Es mindert auch eine gewisse Angst, etwas Fremdes in sich aufzunehmen, weil es jederzeit wieder aus dem Behälter herausgenommen werden kann.
Der Behälter lässt sich auf verschiedene Arten erzeugen, zwei davon seien hier vorgestellt:
1. Stellen Sie sich vor, Sie isolieren ein Stück Energie vom äußeren Energiefeld und machen daraus eine kleine Schachtel, wie beispielsweise für einen Ring. Dann stellen Sie sich vor, dass diese etwa einen Meter entfernt vor Ihnen auf dem Boden liegt und dort auf die Information wartet.
2. Nur mit dem Geist, ohne das äußere Energiefeld mit einzubeziehen, stellen Sie sich irgendeinen Behälter vor. Es kann der USB-Stick sein, wie man ihn kennt, oder auch eine Art Schachtel. Danach stellen Sie sich vor, dass dieser Gegenstand vor Ihnen in der Luft hängt und auf die Information wartet.
Die Möglichkeiten sind hier endlos, lassen Sie der eigenen Vorstellungskraft freien Lauf. Bei den Memory-Sticks, die heute auf dem Markt sind, gibt es eine große Variation in Form und Farbe, und teilweise sind verschiedene Programme darauf gespeichert. Falls Sie Angst haben, aus Versehen Informationen herunterzuladen, die Sie nicht abgefragt haben, können Sie zusätzlich noch ein Anti-Viren-Programm auf Ihren imaginierten Stick tun. Machen Sie das, indem Sie sich einfach vorstellen, dass der Stick oder der Behälter zusätzlich etwas beinhaltet, das alle möglichen Probleme, die auftauchen könnten, einfach verhindert. Sie können dies auch bildlich darstellen – etwa in der Form eines Symbols auf dem Behälter.

Schritt 3 – einen Suchbegriff formulieren:

Die Gefühle, die wir herunterladen möchten, stammen von einem anderen Menschen irgendwo auf der Erde. Wir können, aber müssen dabei nichts Genaueres bestimmen. Zwar ließe sich zwischen einem Verstorbenen oder jemandem, der heute lebt, unterscheiden. Ich selbst mache diese Unterscheidung nicht. Auch ein Land könnte man bestimmen – die Schweiz, Deutschland usw. Dies würde ich in diesem Fall ebenso nicht separat eingeben.

Was hier aber benötigt wird, ist wie gesagt zuerst einmal, wie es sich anfühlt, wenn man einen tollen Französischlehrer hat. So sagt also das Ego zum Geist: Ich brauche einen Menschen,

- *der jetzt so alt ist wie ich (zum Beispiel dreißig),*
- *der im Alter von zwölf Jahren (nehmen Sie hier das eigene Alter zu der Zeit, in der Sie die schlechte Erfahrung machten) einen tollen Lehrer hatte, der ihm das Gefühl vermittelte, sehr gut und leicht Sprachen lernen zu können,*
- *und ich brauche seine Gefühle, die er während einer Unterrichtsstunde im ersten Halbjahr seines ersten Fremdsprachen-Unterrichts hatte. (Ich weise hier nochmals ausdrücklich darauf hin, dass es nur Gefühle sind, die man herunterlädt, und nicht Gedanken oder irgendetwas anderes.)*

Die Menge der Gefühle und der genaue Zeitraum werden also exakt definiert. Dies ist wichtig, weil sonst die abgefragte Informationsmenge viel zu groß wäre. Und dann ließe sich die Information auch nicht übersetzen, oder anders gesagt, wahrnehmen. Im Beispiel sind es die Gefühle im Zeitraum von einer Stunde. Das ist eine Menge, die leicht zu übersetzen ist.

Ist nun alles definiert, kann Ihr Geist diese Information in den bereitstehenden Behälter, den Stick, das Päckchen oder die Schachtel, downloaden. Dann haben Sie dies in Gedanken vor sich stehen.

Schritt 4 – die Information in sich aufnehmen:
Sie können es sich einfach denken, wie Sie die Information in sich aufnehmen. Es ist nicht zwingend, zu wissen, wie das aussieht. Wenn Sie gern ein Bild dazu haben, können Sie sich vorstellen, den Behälter im Körper aufzunehmen und dort zu öffnen. Technikbegeisterte können den Behälter irgendwo anschließen.
In dem Moment, in dem Sie die Information in sich aufgenommen haben, spüren Sie die Gefühle der entsprechenden Person während ihrer Unterrichtsstunde. Sie können diese Gefühle immer wieder erneut herunterladen, zum Beispiel kurz bevor Sie im Sprachkurs sind, weil diese guten Gefühle das Lernen erleichtern. Sie spüren dann zu diesem Zeitpunkt die eigene Abwehr oder die schlechten Gefühle in Bezug auf Sprachen nicht mehr. ↑

Waren Ihre Erfahrungen nicht so schlecht wie oben beschrieben, Sie denken aber trotzdem, dass es schwierig ist, eine Fremdsprache zu erlernen, können Sie so vorgehen: Sie laden auf die beschriebene Art die Gefühle von jemandem herunter, der in Sprachen sehr begabt ist und das Gefühl hat, dass es sehr leicht ist, eine neue Sprache zu lernen. Die Suchbegriffe für den Geist könnten demnach ausformuliert in etwa lauten: Ich brauche von einem Menschen, der so alt ist wie ich, in Europa wohnt und sehr sprachbegabt ist, die Gefühle, die er während einer Stunde empfindet, in der er eben begonnen hat, eine neue Sprache zu erlernen.

Es ist auch möglich, die Gefühle von einem Menschen, der diese Sprache schon spricht, herunterzuladen. Dabei handelt es sich genauer gesagt um sein Sprachgefühl dafür.

Weitere Möglichkeiten

Das Beispiel habe ich sehr detailliert in Bezug auf das Erlernen von Sprachen beschrieben. Sie können dieses Modell aber auf jegliche Bedürfnisse übertragen, bei denen es darum geht, etwas zu erlernen – oder auch auf etwas ganz anderes. Das Prinzip ist immer dasselbe. Eine Anwendung ist natürlich auch bei Dingen möglich, die Sie zwar gut können, aber nicht gern tun. Es gibt immer einen Menschen irgendwo auf der Welt, der genau das toll findet, was man selbst nicht so liebt. Sie sollten das allerdings möglichst nicht nutzen, um unangenehme Situationen besser aushalten zu können. Ich meine damit eher die kleineren Dinge, die wir im Alltag erledigen müssen und bei denen es schön wäre, einmal eine andere Perspektive zu erleben, wie etwa: Bügeln, Steuererklärung ausfüllen, Umgang mit einem neuen PC, Dinge reparieren, Aufgaben im Job, die man nicht so toll findet usw. Ich notiere hier nur eine sehr kleine Auswahl, doch ich denke, es ist klar geworden, wofür Sie das Downladen von Information alles nutzen können.

Nachwort

Ich hoffe, dass dieses Buch Sie inspiriert, die bekannte Welt – sowohl die innere als auch die äußere – nochmals neu zu ergründen. Dass es Sie anregt, auf eine Entdeckungsreise zu gehen, die Sie zuvor vielleicht nicht für möglich hielten. Vielleicht fragen Sie sich an manchen Stellen des Buches, woher ich all diese Übungen habe, vor allem da auch einige sehr ausgefallene darunter sind. Soweit ich mich zurückerinnern kann, »sah« oder »hörte« ich Dinge und war immer auf der Suche danach, wofür oder wobei ich diese Informationen einsetzen könnte. Viele Menschen haben als Kinder ebenfalls solche Wahrnehmungen wie ich, verlieren diese aber häufig bis zu ihrem Erwachsenenleben. Natürlich werde ich oft gefragt, warum ich diese Fähigkeiten im Gegensatz zu ihnen weiterhin behalten habe. Darauf kann ich allerdings keine Antwort geben.

Bei meiner Suche nach Möglichkeiten, mit diesen unsichtbaren Informationen sinnvoll und nutzbringend umzugehen, las ich viele Bücher, die mir aber nicht die passenden Antworten oder Vorgehensweisen liefern konnten. Die Übungen in diesen Büchern fand ich zudem meist langweilig. Ich meditiere auch nicht gern, da ich nicht die Geduld aufbringe, still zu sitzen und »nur« zu üben.

Mir war es immer ein Anliegen, meine Fähigkeiten möglichst in meinem direkten Umfeld und praxisorientiert anzuwenden. So ist es nicht verwunderlich, dass ich bei der Tierkommunikation nicht mit Delfinen begonnen habe, wie es vielerorts vorgeschlagen wird, denn in meiner direkten Umgebung gab es keine Delfine. Um mich herum lebten aber Hunde, Katzen, Kühe und ganz viele Insekten wie Fliegen, Mücken und Ähnliches. Ich dachte also: Gut, wenn die alle schon in meiner Nähe sind, werde ich einmal schauen, was ich mit ihnen erleben kann. Mücken mag ich persönlich nicht besonders, aber auch sie waren zugegen, sodass ich sie für meine »Weiterbildung« nutzte. Heute spielt es für mich keine Rolle mehr, an welchem Ort auf der Erde das Tier sich aufhält – ich kann mit ihm sprechen. Damals fand ich es aber wichtig, auch einmal einen realen Gesprächspartner vor mir zu haben. Mit der Materie bin ich genauso vorgegangen. Ich wählte zunächst Gegenstände aus, die ich mit meinen Augen vor mir sehen konnte. Eine große Neugier und der mich immer begleitende Wissensdurst führten mich dazu, im Laufe der Jahre mit so ziemlich allem gesprochen zu haben, was sich in meiner Umgebung befand. Wenn man die außersinnliche Wahrnehmung in den Alltag einbinden kann und dadurch auch einen tatsächlichen Nutzen erfährt, macht das Leben einfach viel mehr Spaß.

Ein weiteres Anliegen ist es mir, Sie daran zu erinnern, dass Sie nichts müssen. Sie brauchen keine Voraussetzungen, um »sehen« zu können. Es gibt keine festen Regeln, wie etwas zu sein oder abzulaufen hat, Sie sind so, wie Sie jetzt gerade sind, von der geistigen Ebene aus gesehen perfekt – und das gilt für jeden Menschen. Viele spirituelle Theorien verunsichern die Leute und sorgen dafür, dass sie sich ganz klein und minderwertig fühlen, weil sie irgendetwas angeblich nicht können. Diese Gefühle werden oft von Gedanken begleitet, die ebenso in diese Richtung gehen. Ich sage Ihnen aber, Sie können es!

Anouk Claes
www.anoukclaes.ch

Weitere Titel von Anouk Claes:

Gefühle, Geist und Ego – Wie Trauer, Liebe, Glück, Wut und Eifersucht zu inneren Kraftquellen werden
ISBN 978-3-905836-02-8

Angst – Beschützer rund um die Uhr
ISBN 978-3-905836-03-5

Sie & Sie – Trainieren Sie Ihre Hellsichtigkeit und erleben Sie, was geschieht (mit Reflexionen von Bee Straumann)
ISBN 978-3-905836-05-9

Warum & Wieso – Fragen öffnen neue Wege
ISBN 978-3-905836-07-3

Durchsichtig – Hellsichtigkeit und wie Sie am besten damit umgehen (mit Reflexionen von Karin Kastner)
ISBN 978-3-905836-08-0

Alle Titel sind im Allinti Verlag (www.allinti.ch) erschienen.

Regelmäßig erscheinen Texte von Anouk Claes auch in ihrer Zeitschrift *Heilen heute* (www.heilenheute.ch).